经济管理学术文库·经济类

供给侧结构性改革下的
市场决定资源配置

The market determines the allocation of resources
under supply-side structural reform

朱红涛／著

图书在版编目（CIP）数据

供给侧结构性改革下的市场决定资源配置/朱红涛著. —北京：经济管理出版社，2018.11
ISBN 978-7-5096-6047-8

Ⅰ.①供… Ⅱ.①朱… Ⅲ.①中国经济—经济改革—研究 ②中国经济—社会主义市场经济—资源配置—研究 Ⅳ.①F12

中国版本图书馆CIP数据核字（2018）第226434号

组稿编辑：杨国强
责任编辑：杨国强　张瑞军
责任印制：黄章平
责任校对：陈　颖

出版发行：经济管理出版社
（北京市海淀区北蜂窝8号中雅大厦A座11层　100038）
网　　址：	www.E-mp.com.cn
电　　话：	（010）51915602
印　　刷：	三河市延风印装有限公司
经　　销：	新华书店
开　　本：	720mm×1000mm/16
印　　张：	13.5
字　　数：	212千字
版　　次：	2018年11月第1版　2018年11月第1次印刷
书　　号：	ISBN 978-7-5096-6047-8
定　　价：	68.00元

·版权所有　翻印必究·

凡购本社图书，如有印装错误，由本社读者服务部负责调换。
联系地址：北京阜外月坛北小街2号
电话：（010）68022974　邮编：100836

前　言

早在2014年就想动笔写关于市场决定资源配置方面的书，由于各种原因，搁笔数年，而在这数年，中央在经济方面的导向越来越明确、越来越具体，方向也是越来越精确，关于市场决定资源配置方面的内容越来越丰富和翔实。

首先，看"供给侧结构性改革"。改革开放40年来，中国经济持续高速增长，成功步入中等收入国家行列，已成为名副其实的经济大国。但随着人口红利衰减、"中等收入陷阱"风险累积、国际经济格局深刻调整等一系列内因与外因的作用，经济发展正进入"新常态"。

2015年11月10日上午，习近平总书记主持召开中央财经领导小组第十一次会议，研究经济结构性改革和城市工作。

2016年1月27日，习近平总书记主持召开中央财经领导小组第十二次会议，研究供给侧结构性改革方案。

2017年10月18日，习近平同志在党的十九大报告中指出，深化供给侧结构性改革。建设现代化经济体系，必须把发展经济的着力点放在实体经济上，把提高供给体系质量作为主攻方向，显著增强我国经济质量优势。

从2015年开始，"三去一降一补"，即以去产能、去库存、去杠杆、降成本、补短板为重点的供给侧结构性改革，经中央经济工作会议定调后，已正式拉开大幕。

供给侧结构性改革旨在调整经济结构，使要素实现最优配置，提升经济增长的质量和数量。需求侧改革主要有投资、消费、出口三驾马车，供给侧则有劳动力、土地、资本、制度创造、创新等要素。

供给侧结构性改革，就是从提高供给质量出发，用改革的办法推进结构调整，矫正要素配置扭曲，扩大有效供给，提高供给结构对需求变化的适应性和灵活性，提高全要素生产率，更好地满足广大人民群众的需要，促进经济社会持续健康发展。

其次，看"市场在资源配置中起决定性作用"。"使市场在资源配置中起决定性作用"，是党的十八届三中全会在理论上的重大突破和实践上的重大创新，具有鲜明的时代特征，是深化经济体制改革必须紧紧抓住的主攻方向。在党的十八届三中全会《中共中央关于全面深化改革若干重大问题的决定》（以下简称《决定》）中提出，经济体制改革是全面深化改革的重点，核心问题是处理好政府和市场的关系，使市场在资源配置中起决定性作用和更好发挥政府作用。

市场决定资源配置是市场经济的一般规律，健全社会主义市场经济体制必须遵循这条规律，着力解决市场体系不完善、政府干预过多和监管不到位问题。只有政府更好地发挥作用，市场才能在资源配置中发挥决定性作用。

从党的十四大提出的市场要发挥基础作用，到党的十六届三中全会提出，要更大程度地发挥市场的基础性作用，发展到党的十八届三中全会提出的，使市场在资源配置中起决定性作用。从其中的历史演变，我们可以看到，中央越来越重视市场在资源配置中的作用，从而使得市场的作用在市场经济中日益彰显，政府的控制功能明显弱化。

最后，看关于"高质量发展"。习近平同志在党的十九大报告中指出："中国特色社会主义进入了新时代"。这是对我国发展新的历史方位的科学判断。

2018年政府工作报告提出的深度推进供给侧结构性改革等九方面的部署，都围绕着高质量发展。高质量发展是2018年国务院政府工作报告首次提出的新表述，表明中国进入新时代，中国经济由高速增长阶段转向高质量发展阶段。高质量发展也是中国走出中等收入陷阱的法宝和利器。高质量发展根本在于经济的活力、创新力和竞争力，供给侧结构性改革是根本途径。而在供给侧结构性改革下使市场决定资源配置将会如虎添翼，促进中国高质量的发展更快地完成。

目前面对全世界的金融危机以及中国内部经济结构和发展方式的不合理，中国经济必须从中找出一条光明之路。只有在供给侧结构性改革下使市场在资源配置中起决定性作用，坚持高质量发展，中国经济发展才能够突破瓶颈，走向柳暗花明的又一新景象。

  本书除了从理论上分析具体问题，同时也普及了一些经济常识，在了解中国在市场决定资源配置方面应该朝哪些方面努力外，还会了解一些常识的来龙去脉，不妨作为一种教科书。

  在本书的撰写过程中，阅读了大量的相关书籍和资料，参阅和借鉴了大量国内外同行的研究成果。可以说，本书的出版，是许多专家、学者多年研究成果的集中体现。由于资料来源的不同，有些引用和借鉴的资料在书后参考文献中列出，但也有一部分资料由于各种原因没能全部标明。在此，向这些被引用资料的作者表示诚挚的敬意和歉意！本书的撰写也获得了作者单位领导、同事的大力支持，在此一并致谢！

  感恩天、地和父母！谨以此书奉献给所有热爱经济学和关心中国经济发展的读者。

  由于作者水平有限，编写时间仓促，书中错误和不足之处在所难免，恳请广大读者批评指正。

作者于 2018 年 8 月

目 录

第一章　供给侧结构性改革下市场决定资源配置是新时代中国特色社会主义发展的必然结果 …… 001

　　第一节　中国需求侧经济的困局 …… 001
　　　　一、中国经济"新常态"发展现状 …… 001
　　　　二、"三驾马车"协调动力的失灵 …… 006
　　第二节　供给侧的历史渊源 …… 010
　　　　一、供给侧的历史来源以及和需求侧的历史轮转 …… 010
　　　　二、供给侧并非供给学派 …… 012
　　　　三、供给侧在世界各国经济政策中的使用实例实效 …… 014
　　第三节　供给侧下市场决定资源配置需要重视的几个问题 …… 016
　　　　一、"市场决定资源配置"的历史渊源和发展历程 …… 017
　　　　二、"市场在资源配置中起决定性作用"强调"大力发展混合所有制" …… 019
　　　　三、市场价格机制在市场决定资源配置中的重要性 …… 020
　　　　四、市场决定资源配置，需要满足如下前提条件 …… 023

第二章　市场决定资源配置是市场经济的一般规律 …… 025

　　第一节　什么是市场经济 …… 025
　　　　一、市场体系和市场经济 …… 025
　　　　二、市场经济的几个时期 …… 029

第二节　当今世界市场经济体制下资源配置的不同模式 …………… 034
　　一、市场主导，政府依法辅助的美英市场经济模式 ………… 034
　　二、市场主导，政府适当干预的德国市场经济模式 ………… 037
　　三、市场和政府共同配置资源的法国市场经济模式 ………… 039
　　四、政府行政导向型的日韩市场经济模式 …………………… 041
第三节　影响资源配置的市场经济运行规律和运行机制 ………… 043
　　一、影响资源配置的市场机制构成 …………………………… 043
　　二、影响资源配置的市场经济运行规律 ……………………… 045
　　三、市场机制和计划机制两种机制下资源配置情况的比较 ……… 047

第三章　资源配置所要解决的效率问题 …………………………… 051

第一节　市场决定资源配置的运行机制和效率 …………………… 052
　　一、市场决定资源配置的运行机制 …………………………… 052
　　二、市场决定资源配置的高效性 ……………………………… 053
第二节　实现市场决定资源配置的条件和要求 …………………… 057
　　一、独立自主活力的市场主体 ………………………………… 057
　　二、相对完全竞争的市场体系 ………………………………… 058
　　三、完善的市场机制 …………………………………………… 058
　　四、完备的可验证的社会信用体系 …………………………… 059
第三节　市场决定资源配置的失效分析 …………………………… 059
　　一、公共性失灵 ………………………………………………… 060
　　二、外部性失灵 ………………………………………………… 060
　　三、垄断性失灵 ………………………………………………… 061
　　四、信息性失灵 ………………………………………………… 062
　　五、公平性失灵 ………………………………………………… 062
　　六、宏观性失灵 ………………………………………………… 062
第四节　纠正市场决定资源配置失效的无形的手——政府 ……… 063
　　一、源于资源配置的政府职能界定 …………………………… 063

二、市场经济框架下政府纠正市场配置资源失灵的职能 …………… 064

第四章 在资源配置中市场和政府的关系 …………………………… 069

第一节 资源配置中政府和市场关系的演进 ………………………… 070

一、西方经济学对政府与市场关系的理论体系支撑 ………………… 070

二、马克思主义政治经济学关于政府与市场关系演变的基本理论和在社会主义国家的实践过程 …………………………………… 076

三、西方国家在资源配置中政府与市场关系的几种模式 …………… 083

第二节 为何要处理好政府与市场的关系 …………………………… 087

一、政府与市场关系的常见误区 ……………………………………… 087

二、对于政府与市场的关系的剖析 …………………………………… 090

三、为何要处理好政府与市场的关系 ………………………………… 091

第五章 建设有所为而有所不为的政府职能机制 …………………… 095

第一节 政府职能的转变 ……………………………………………… 095

一、政府职能的起源和基本内容 ……………………………………… 095

二、中国政府职能的演变 ……………………………………………… 097

三、政府职能转变对市场决定资源配置的重要意义 ………………… 098

四、政府职能在市场决定资源配置中存在的问题 …………………… 101

五、"有限政府"是政府职能转变方向所在 ………………………… 103

第二节 社会主义国家现代国家治理 ………………………………… 107

一、古今中外推进国家治理现代化的历史演化 ……………………… 108

二、社会主义国家现代国家治理的必然趋势 ………………………… 109

三、社会主义国家治理现代化的内涵及目标 ………………………… 110

第三节 供给侧改革下更好发挥政府作用的其他因素 ……………… 112

一、政府公信力的建立和加强 ………………………………………… 112

二、充分发挥地方政府职能 …………………………………………… 117

三、完善推进负面清单和权力清单制度 ……………………………… 122

第六章　保护产权是保障市场决定资源配置的前提和基础 …… 129

第一节　保护资源环境的公共产权 …… 129
一、保护资源环境的公共产权是市场决定资源配置的必需前提 …… 129
二、影响资源环境保护的几个方面 …… 131
三、保护资源环境的公共产权 …… 132

第二节　保护非公有制经济财产权不可侵犯 …… 134
一、非公有制经济财产权不可侵犯 …… 134
二、非公有制经济财产权保护不足的原因 …… 135
三、进一步加强保护非公有制经济财产权 …… 137

第三节　农民财产权 …… 139
一、农民财产权的内涵 …… 139
二、当前我国农民财产权利的现实状况 …… 140
三、农民财产权存在的主要问题剖析 …… 141
四、农民财产权利难以有效实现的原因分析 …… 145
五、实现农民财产权利的政策建议 …… 146

第四节　知识产权 …… 149
一、自主知识产权创新竞争力是取得话语权的基础 …… 150
二、积极应付国际间知识产权挑战是取得话语权的前提 …… 152
三、知识产权管理竞争力是取得话语权的关键 …… 154

第七章　完善市场决定资源配置的社会主义现代化市场经济体系 …… 159

第一节　促进市场决定资源配置的竞争政策 …… 159
一、逐步确立竞争政策的基础性地位 …… 159
二、进一步完善反垄断法 …… 160
三、全面规制政府限制竞争行为 …… 162
四、强力实施公平竞争审查制度 …… 162

第二节　完善社会保障制度 …… 164

一、现行社会保障制度面临的问题 ……………………………… 165
　　二、完善社会保障体系 …………………………………………… 168
第三节　跨越中等收入陷阱 …………………………………………… 170
　　一、什么是中等收入陷阱 ………………………………………… 171
　　二、中等收入陷阱的借鉴 ………………………………………… 172
　　三、中国如何跨越中等收入陷阱 ………………………………… 175
第四节　推进新一轮国企改革 ………………………………………… 179
　　一、国企改革历程 ………………………………………………… 179
　　二、国外国企改革的模式和管理经验 …………………………… 181
　　三、国企改革发展方向 …………………………………………… 183
第五节　重视行业协会等社会力量的作用 …………………………… 188
　　一、行业协会的内涵和在市场决定资源配置中的作用 ………… 188
　　二、我国行业协会发展历程 ……………………………………… 189
　　三、新时代中国行业协会现状及困境 …………………………… 190
　　四、加强行业协会自身建设，推进市场决定资源配置 ………… 192

参考文献 …………………………………………………………………… 197

第一章　供给侧结构性改革下市场决定资源配置是新时代中国特色社会主义发展的必然结果

我国社会主要矛盾的变化，是中国特色社会主义进入新时代的重要标志，也是新时代的重要特征。党的十九大报告中提出的社会主要矛盾中"不平衡不充分发展"就是没有做到高质量发展。新时代的中国，只有在供给侧结构性改革的方向中，坚持使市场决定资源配置，才能真正做到高质量发展，才能成功跨越"中等收入陷阱"，早日跨入高收入国家的行列。

第一节　中国需求侧经济的困局

一、中国经济"新常态"发展现状

改革开放40年以来，在"以经济建设为中心"的基本路线的指导下，中国经济实现了年均近10%的高速增长，经济规模在世界各国中的排名由第10位之后，上升到第2位。如此巨大规模经济体的长期高速增长，在人类经济史上罕见，堪称"中国奇迹"，中国开创性地实现了从计划经济向市场经济转轨的变革，极大地释放了供给潜力。但中国未来10~30年的发展将面临来自内部和外部两方面的减速压力，经济可持续发展的难度明显加大，2012年以来，经济增长进入"新常态"，GDP增长速度开始减慢到7%左右。

经济新常态源由美国太平洋投资管理公司首席执行官穆罕默德·埃李安提出，以描绘2008年国际金融危机后世界发达国家经济的变化，新常态下的世界经济呈现出的是增长缺乏动力、持续高失业率、金融去杠杆化、公共财政赤字问题等特征。而中国经济新常态则是不同于埃李安所提出的经济新常态的概念，与西方发达国家"经济危机后经济缓慢恢复带来的痛苦"的过程大相径庭。

2014年的中央经济会议中，已经明确从消费、投资、出口和国际收支、生产能力和产业组织方式、生产要素、市场竞争、资源环境、经济风险八个方面对中国新常态经济作出分析。具体而言，中国经济新常态的表现可以从以下四点归纳：一是人口红利消失、人口老龄化、生态环境恶化三方面的经济传统优势的弱化，制约了我国经济的增长，经济增速下降；二是经济结构调整，边际消费倾向增加、消费结构提升、收入分配体制改革、产业结构升级，第三产业逐步占主导地位；三是产能过剩、地下金融、房地产泡沫、地方政府债务、外部风险等逐步瓦解；四是政府有形的手和市场无形的手二者之间的关系逐步捋清。

有经济学家总结目前这些中国经济"新常态"发展的背景为"三期叠加期"，即经济增长换档期、结构调整阵痛期和前期刺激政策消化期。经济增长换档期是指经济增长速度下行。结构调整阵痛期是指结构失衡后调整的适应期。产业结构的失衡主要表现为"重重轻轻"、服务业严重落后。其中内部经济结构失衡主要表现为投资率畸高和消费率过低，外部失衡则主要表现为外汇结余的大幅度增加，造成了货币超发和资产市场泡沫生成。早在1995年制定"九五"计划时，有关方面就提出了我国经济增长方式缺乏效率和经济结构失衡的问题，但是，直到"十二五"期间经济增长方式都没有转变过来。"四降一升"是指经济增速下降、工业品价格下降、实体企业盈利下降、财政收入增幅下降、经济风险发生概率上升。也就是说，中国经济发展进入了下行通道。主要表现如下：

（一）经济增速由"高速"转为"中高速"

我国从改革开放以来就持续保持着经济高速增长，但经过将近30年的高速发展，中国的经济体量和我们的环境承载能力已经承受不了我们持续的高速发展，市场经济GDP发展实际减速，政府也开始宏观调控实施减速。

(二) 粗放式的工业快速发展带来的后遗症

过去我国为和国际接轨，经济发展理念片面地追求 GDP 的单方面高速增长。这样的发展方式使我们的经济得到了快速的增长，同时也忽视了许多，牺牲了许多。粗放式的经济发展方式在给我们带来资金的同时也带来了一些越来越不容忽视的问题，如生态平衡的破坏，大量自然资源的粗放流出与浪费，生活环境的日益恶化等。

(三) 全球贸易链中的位置较低，产业竞争力明显不足

我国 GDP 的总量虽然一直较大，但由于我国人口基数大，所以人均水平和发达国家相比差距很大；密集型产业的比重也较大，但缺少技术专利，多是一些加工型的产业，这种产业的发展驱动力较低，没有核心技术的支持，只能依靠廉价劳动力进行相应的报酬赚取，很多的高新技术以及高附加值产品依然需要依靠进口。这些客观因素的存在进一步制约着我国经济上的高速发展。如，中国的汽车行业虽然在国际上的位置较有竞争力，但汽车行业的核心部件以及技术依然掌握在其他发达国家的手中，我国生产企业在这过程中只承担着汽车生产制作中的组装以及拼接步骤。但汽车的盈利中的绝大部分利润都集中在核心技术上，我国的生产厂家只是赚取了其中极少部分的手工费用。其他还表现在我国的机械生产方面，我国普通的机床生产总量位居世界第一，但那些高档的机床设备却不能独立生产，导致我国在国际贸易链上处于 U 形的底部，附加值低，利润低，竞争力差。

(四) 经济发展结构的转变

在中国的经济新常态中，各个企业的经济结构要随市场变化而不断优化升级保持活力，我国的人口红利减退和劳动力生产效率的普遍提高使人民收入的比重大幅提高，我国以往的投资型将向消费型转变，并且随着人口老龄化的增长和我国人民生活水平的不断提高，国内以往的储蓄模式将更多地转变为对外消费，消费得到提升。我国正在向买方市场转变，买方世界的中国市场将成为经济新常态的主要方式。此外经济新常态也使经济增长动力出现转移，传统工业、手工业等产能过剩的问题开始增加，市场竞争日益激烈，创新型经济和环境友好型经济成为主流，并逐渐替代传统产业的市场地位，成为新常态的主力军。同时，

随着互联网的高速发展，智能化、工业化、信息化和现代化将成为经济新常态可持续发展的源源不断的动力。如，同在江苏的各个城市在智能化方面的着重点也各不相同：南京重点是芯片和内存，无锡重点是物联网，常州重点是新材料机器人。

（五）产业结构存在迫切需要解决的问题

（1）产能过剩。所谓产能过剩，简而言之，就是经济学当中的供过于求，从微观上理解，是指在一定时期内，给定技术条件上，企业使用各种生产要素生产出来的产品数量超出了市场需求或购买能力。随着近年来我国城市化进程和基础设施建设的逐步完善，全球金融危机所导致的经济发展放缓引发的需求萎缩，此前急速扩张并拉动中国经济的传统行业产能过剩开始显现并日渐严重。当前中国经济中的钢铁、水泥、电解铝、平板玻璃等产能严重过剩。产能过剩会导致企业库存积压，造成企业无法偿还银行贷款或企业债券违约事件频发，这会引发银行不良资产率和坏账水平上升，加大整体金融运行的风险；产能过剩意味着供过于求，产品价格下降，如果造成整体物价水平下降，会导致社会形成紧缩预期；产能过剩造成企业利润空间萎缩，使得企业不愿意增加投资，金融机构惜贷，此时企业缩减雇用人数将增加失业率，导致居民收入下降，多方压力形成的共振又使经济陷入萧条的风险。

（2）产业规模较大但是实力不强。中国是制造大国，以制造业为例，根据工信部提供的数据，在产品规模方面，在全球500多种主要工业产品中，有220多种产量位居世界第一的产品均由中国生产，就企业规模而言，2017年中国制造业产值将几乎等于美国、日本、德国之和，但大而不强，具体表现为：产业结构相对落后，产业的核心竞争力有待进一步挖掘，产业层次有待细分；中国制造业生产处于全球价值链的中低端水平，相关产品的核心技术仍掌握在发达国家手中；产品质量不稳定，缺乏国际著名的大公司、大品牌，2017年世界500强名单中，中国公司有115家，其中来自内地109家，占了全球20%还多，但有人说，大多是中字头的，垄断的，银行，电力，两桶油，甚至有人说，华为是我们在世界500强里唯一的技术公司，虽然观点偏激，但也突出了核心技术的薄弱；在高科技产业中，产学研用方面有待进一步整合，如何将科技成果转化为产业并引入市场是个很重要的课题。

（3）第三产业发展迅速，但是行业结构不尽合理。当前，中国的第三产业大量聚集在餐饮、商业和交通运输等方面，这些产业大多属于传统服务业，增加值的比重占到了40%以上，而一些新兴服务业，如生产性服务业、邮电通信、金融保险、信息咨询、旅游、传媒出版等占比较低，而这些新兴服务业在发达国家则是第三产业的主要组成部分。目前全球生产性服务业增加值中有50%以上是由发达国家提供的。中国服务业与发达国家之间存在的较大差距，还体现在产品内涵、服务质量、市场规模、管理技能、市场营销等方面。

"三驾马车"并不考虑政府投资和货币松宽刺激投资的后果，对政策造成的经济结构失衡以及由此而来的消费需求不足视而不见。凯恩斯主义的政策总体上有利于钢铁、水泥、建材、能源、机械制造业，这些行业中的企业利润和工资收入高速增长，而劳动密集型的服务业和轻工业则落在后面，工资增长也低于资本密集型产业。由于就业人员大部分集中在工资增长慢的劳动密集型行业，重资本轻劳动的生产结构导致了类似的国民收入（NI）分配结构、劳动收入的比重下降，企业的资本收益（利润）以及政府税收比重不断上升，政府和企业主要用于投资，结果是居民消费需求跟不上投资所形成的产能增加，过剩产能就这样出现和积累起来。

出现过剩产能的原因不是总需求不足，是凯恩斯主义政策的使用者为压低资金成本，扭曲了需求结构。资本需求过旺而带来产能过度扩张。政府采取两种方式压低资金成本：一是以国家的主权信用在市场上发行低成本的国债，替代高成本的企业债和银行贷款，用财政投资替代企业的商业投资。二是中央银行放松银根，直接降低政府和企业的融资成本，过度投资有可能通过预期效应进一步放大，在政策创造的景气中，企业误以为市场需求将继续强劲，非但没有为即将到来的衰退做好准备，反而增加投资，以防产能的短缺。

当经济中存在包括基础设施和房地产在内的过剩产能对策绝不是新一轮的财政和货币刺激时，面向需求的财政和货币政策再也走不下去了，不仅无法保障经济的增长而且留下亟待处理而又异常棘手的问题：处于破裂边缘的资产泡沫、难以承受的政府和企业债务，以及不可避免的银行资产质量的恶化。若要化解这些风险，必须消除过剩产能。

二、"三驾马车"协调动力的失灵

从理论上讲，经济发展趋势可以从两个侧面去分析，一个是从供给侧去分析，另一个是从需求侧去分析。从2009年以来，中国占主流地位的是需求侧分析，也就是所谓"三驾马车"的分析方法。从需求侧去分析的话，认为GDP（国内生产总值）总量应该与总需求相等，而总需求是由三个因素构成的，就是消费需求、投资需求和净出口需求。"三驾马车"的分析方法源于凯恩斯主义对宏观经济理论的短期分析框架，即产出是由需求决定的，而需求由消费、投资、净出口和财政赤字构成。由此引申出拉动我国经济增长的"三驾马车"，即消费、投资和出口，这实际是从需求侧方面研究短期宏观经济问题的分析方法。

"三驾马车"分析法是凯恩斯主义的短期分析框架的变形。用"三驾马车"的分析办法，最后的结论就是进行强刺激，多发钞票，多上投资项目。但一段时间以来，经济学所说的"投资报酬递减规律"的效应已经充分显现。在应用凯恩斯理论时，有着其必然的局限性：

第一，凯恩斯理论只考虑短期经济问题，而不是对经济系统中长期运行的动态过程的考察。这与真实产品市场中种类更新日新月异这一现实大相径庭，许多新消费动力的产生并非因为消费需求发生了变化，而恰恰是对消费的供给发生了变化。因此，其使用的静态分析方法有很大局限性，凯恩斯主义政策不适合作为中长期经济调节手段来使用。

第二，凯恩斯理论实际上有一个假设前提，即假设消费、投资、净出口三者间具有完全的可替代性。实际上总投资小于总储蓄，即总需求不足，既可能因投资不足引起，也可能因消费不足引起。但消费在凯恩斯看来是一个无法由政府调节的变量，净出口在不考虑贸易保护和汇率、价格干预的情况下也不是政府能够决定的。因此政府只能通过刺激投资来替代消费不足。但如果长期、持续地以投资替代消费，会导致什么结果，该理论并未给出充分的分析。基于国内外的诸多经验教训，我们可以看到，投资需求与消费需求之间的替代性是不完全的，而这将使凯恩斯主义政策的应用范围大打折扣。在一个经济体内部，在消费需求和投资需求之间,必然存在一定的结构平衡关系,并应在中长期保持相对稳定。如果政府持续使用货币或财政刺激政策扩大投资需求以代替消费需求,就可能在一定阶段内导致投资过度、结构失衡,使经济增长面临更多的困难。

第三,需求侧原动力的不足。仅从需求侧看出口,则多带有纯比较优势理论与纯汇率理论主导的色彩,出口产品在国际市场中影响力越大,则对本国宏观经济增长的拉动作用越强,这种利用经济学抽象模型演绎的分析无可厚非,但真正落实到全球化背景下的开放经济中,发展中国家通过后发优势赶超发达国家的增长路径显然难以得到全面解释。常识告诉我们,仅仅是实际汇率的变化并无如此大的魔力,先进经济体对后进经济体的"高端选择性供给"往往对于双边贸易的中长期基本格局具有某种决定性意义。

"三驾马车"的动力作用,在全球经济宏观调控范例中可得印证,如2008年美国金融危机后相继爆发欧债危机,发达国家市场遭受重创,以中国为代表的新兴市场一致感到出口需求严重不足,从而大角度转向拉动内需、加大国内投资与消费来实现宏观经济稳定增长;还可在学界对宏观经济常年关注三大"动力"在短期与长期中作用的比较、正负面效应、调控手段等讨论中认识其无可回避性和可观的分量。因此,三大"动力"分析认识对需求侧管理的贡献已无须赘言。凯恩斯理论问世后,已经在各国的政策实践中证明了其有效性,扩张性政策在某些时候显著减少了经济危机的负面影响,被各国政府采纳为对付不景气的良策。但实践也反复证明,扩张性政策往往只在短期有效,长期使用效果会递减、趋于无效,乃至导致严重的负效果。毋庸置疑,"三驾马车"确实对我国的经济发展发挥过积极作用,它作为我国治理经济下滑的重要理论依据,通过"逆周期"的财政及货币政策可以实现熨平经济波动的效用。但是"三驾马车"需求管理方法发挥的有效性是否受到不同经济发展阶段的影响,尤其是当前我国经济已经进入经济新常态,在经济增长将在较长一段时间面临下行压力的情况下,消费、投资和出口对经济增长的协同拉动作用已经失灵。

1956年,R.索洛在关于经济增长模式的讨论中就提出依靠投资拉动的经济增长,投资的回报率一定是递减的。事实上,在2010年之后,投资对GDP增长率的拉动急剧下降,投资也不再是对经济增长贡献最大的拉力。同时,投资经济让产能出现过剩的问题，导致国家经济发展无法进一步可持续。在过去的经济发展中，我国一直依靠投资对经济的发展进行拉动，据有关调查数据显示，中国的投资率相比于世界的平均水平高出10%~20%，投资虽然在发展经济的战略中具备一定的优势，但这个经济发展模式有利也有弊，就是在使用过程中会创造社会生产需求、带动国家发展的同时，最为直接的后果是出现较为严重的产能过剩问题，虽然这种投资形式可以从正面拉动经济发展水平的上升，并在结束以后产生一定形式上的供给能力，但拉动经济发展的背后还跟着大量的剩余供给。产能过剩给国家经济长远发展造成的阻碍也非常明显，很多的宝贵资源一旦没有得到有效、科学的利用，就是在造成浪费。

长期以来，我国经济发展"三驾马车"中的投资和出口对经济的拉动起着比较重要的作用。这个局面到2014年发生了变化，2014年，消费成为国民经济增长当中的第一驱动力，这个状况已经延续了几年。2016年，社会消费品零售总额持续保持两位数的增长，最终消费对经济增长的贡献率达到64.6%，比上年提升了4.9个百分点，消费动力还在不断增强。2016年中国GDP增速为6.7%，在中国经济发展进入新常态的情况下，这一变化充分说明我国的经济结构正在经历着历史性的重要转变，也就是说，朝着进一步扩大内需的方向在转变。从供给侧看，产品和服务供给与旺盛的市场需求还不能完全匹配，商品种类、服务门类还不够丰富，质量还需要进一步提高。

实际上，经济学家早就通过数理分析指出，在均衡状态，存在一个"资本积累黄金律"。储蓄率和消费率无论向上或向下偏离了这一黄金分割点，都会导致某种低效率，只是这一结论并未引起很多经济学家的注意。在上述黄金分割点上，稳态人均消费水平能够达到极大值。这表示长期的社会总福利水平最大，也就是经济最有效率、最合理的状态。当社会的储蓄率高于黄金储蓄率时，降低储蓄率能够提高稳态人均消费水平。而当社会储蓄率低于黄金储蓄率时，提高储蓄率同样也能够提高稳态人均消费水平。两者都意味着经济效率的提高。

面对当前中国经济新常态，学界目前非常关注的"三驾马车"是否为经济增长根本动力的问题，结论的指向性非常明确，表现为否定一侧。然而，究竟其为何不能成为经济增长的根，有观点认为其只是国民经济核算指标，影响的是GDP

需求边,有观点认为需求侧"三驾马车"已跟不上现代经济发展步伐,提出了经济增长的新"三驾马车",内容又有所不同,有的认为是城镇化、信息化和民生建设,有的认为是"三驾马车"的引擎升级等。

从当前国内外经济形势看,全球经济复苏仍存在不稳定、不确定性因素,国内支撑经济发展的要素也在发生深刻变化,面对我国经济正处于结构调整阵痛期、增速换挡期,"三驾马车"对经济增长的拉动效应也要随之而变。应对经济减速和结构失衡的唯一出路在于提高所谓索洛余量,即"技术进步、效率提高"对于经济增长的贡献,也就是说,要优化结构,促进创新,实现经济发展方式从粗放发展到集约发展的转变。比起短期的需求面的要素(比如消费、投资、出口,所谓"三驾马车"),更要重视中长期的供给面的各种要素。在经济新常态下,全要素生产率(TFP)的增加对人均 GDP 增长的影响将比以往更加重要。TFP 需要通过与各种生产要素的"新结合"才能实现,而这需要一个良好的制度环境。

在经济学说史上,供给决定需求或经济增长的理论长期占据着统治地位,但 20 世纪 30 年代发生的经济大萧条,使人们转而相信凯恩斯的学说和主张,每逢经济不景气时,就采用一系列刺激经济的财政政策和/或货币政策来提高有效需求。实际上,对于这两种理论,即供给决定增长和需求决定增长这两种观点,不能说一种绝对正确,另一种绝对错误,主要看我们关注的是长期还是短期的。古典理论的假设在长期中是成立的,经济的长期持续增长必须靠供给,靠劳动力增长、人力和物质资本积累以及技术进步。但在短期中,经济运行难免会有摩擦,偶尔会出现"感冒"或"咳嗽",这时经济中主要特征是有效需求不足,需求侧管理政策对于推动经济增长会非常有效,例如,政府可以通过财政政策和货币政策刺激消费、投资和净出口,促进总需求的增加以推动总产出和就业的增长。

第二节 供给侧的历史渊源

一、供给侧的历史来源以及和需求侧的历史轮转

供给侧理论的源头可追溯到 19 世纪初期法国经济学家提出的"萨伊定律",19 世纪初,萨伊在著作《论政治经济学,或略论财富是怎样产生、分配和消费的》中论及供给和需求的关系,认为"供给创造自己的需求",尽管在书中并没有所谓"萨伊定律"或类似的定律性质的短语出现,但经过李嘉图和穆勒的发展和总结,"萨伊定律"最终得以广为流传并对整个经济学思想史尤其是古典自由主义的发展具有重大影响。从历史角度看,"萨伊定律"为早期经济学家对工业革命中的劳动分工、资本积累、国际贸易的分析以及对商业周期的认识奠定了理论基础,开创了"供给侧"学派的先河,且开启了欧洲古典自由主义的时代。亚当·斯密于工业革命发祥地英国开启了经济学时代,而萨伊则受其影响成为在欧洲大陆上传播古典自由主义思想的第一人。

根据萨伊定律,供给自动创造出等量的需求。可以用一个简单的数值例子说明萨伊定律的逻辑。有一家企业,满负荷运转可生产价值 200 万元的产品,如果所有产品在市场上都能销售出去,企业的收入为 200 万元,分别用于支付设备、原材料、人工成本和企业家的报酬,那么设备、原材料供应商、工人和企业家所得到的收入加起来也是 200 万元,200 万元的收入产生 200 万元的需求,正好对应 200 万元的产品,萨伊定律因此被不太严格地简化为供给决定需求,或者供给创造需求。

与萨伊针锋相对的是 20 世纪的凯恩斯,后者认为供给方创造的收入没有全部转化为需求,如果消费需求为 150 万元,其余 50 万元则作为储蓄沉淀在金融体系中。银行固然可利用储蓄资金产生投资需求,但市场经济中没有天然的机制保证投资正好等于储蓄。当投资低于储蓄比如说只有 30 万元时,社会总需求为

第一章 供给侧结构性改革下市场决定资源配置是新时代中国特色社会主义发展的必然结果

180万元，企业虽有200万元的生产能力，受需求限制，只能销售180万元的产品，从而只能创造180万元的收入和需求。凯恩斯主义者于是也不太严格地宣称：需求决定供给。不仅如此，凯恩斯学派还进一步建议政府增加开支，或者由中央银行放松银根刺激企业投资，双管齐下，拉动需求以增加产出至200万元。

在人类经济发展的历史长河中，供给侧和需求侧一直在迷惑着人们。萨伊和凯恩斯，究竟谁对谁错？单凭以上的解释，我们无法作出判断，举例仅为方便大家了解两种不同思路的逻辑，现实经济远比这样的推理游戏复杂。萨伊和凯恩斯的局限性都在于仅关注供给和需求的静态平衡，而没有考察经济的动态发展，并且双方所做的都是总量分析而不是结构分析。

沿历史脉络观察，"供给侧"学派源流发展的几个阶段呈现出相当清晰的规律性，即和需求侧之间两个轮回之战。第一轮是"萨伊定律—凯恩斯主义—供给学派"的过程，第二轮是"供给学派—凯恩斯主义复辟—供给管理"的过程，这为我们研究认识"供给侧"管理提供了可供探寻值得重视的逻辑路径。

"供给侧"和"需求侧"学派的第一个回合："萨伊定律—凯恩斯主义—供给学派"。19世纪初萨伊提出著名的"萨伊定律"，认为"供给创造自己的需求"，并伴随古典自由主义在19世纪一直位于主流经济学地位，直至20世纪初经济危机的出现打破了这一平衡。1929~1933年"大萧条"时期，以"萨伊定律"为代表的古典自由主义无法解释更无法扭转经济急剧衰退的局面，美国罗斯福新政采用了凯恩斯需求侧，并对"萨伊定律"进行了几近全盘的否定。凯恩斯主义宏观经济学解释并有效解决了如何走出席卷整个资本主义世界的"大萧条"危机。然而，美国于20世纪70年代又出现了新型经济危机即滞胀危机。在对凯恩斯主义提出的巨大挑战中，两大学派最终脱颖而出，一个是以弗里德曼为代表的货币学派，另外一个是以亚瑟·拉弗和马丁·斯图尔特·费尔德斯坦等为代表人物的供给学派。供给学派重新肯定"萨伊定律"的正确性，主张在政策层面侧重供给侧的调节，实现了自从凯恩斯主义盛行后由供给学派复活"萨伊定律"对其的否定，构成了"萨伊定律—凯恩斯主义—供给学派"这一轮"供给侧"学派"否定之否定"的完整轨迹。

"供给侧"和"需求侧"学派的第二个回合：供给学派—凯恩斯主义复辟—

供给管理,这是从第一次回归到第二次回归。美国在 20 世纪 80 年代初遭遇第二次世界大战后最严重的一轮经济危机之后,在供给学派指导思想下,宏观经济结构在很大程度上得以优化,但直至里根政府第二任期的结束,美国经济一直没有兑现宏观经济高速增长的承诺,并且出现了极为严重的财政赤字和外贸赤字,供给学派逐渐丧失人心,引发了凯恩斯主义复辟浪潮。在延续供给学派减税主张的同时,主要奉行的是从"需求侧"调节来刺激宏观经济增长。在"新经济"浪潮下,20 世纪 90 年代和 21 世纪初,凯恩斯主义的思路依然占据主流经济学的主导地位。直至 2008 年美国"次贷危机"引发全球金融危机,美国政府在救市实践操作中实质上主要采用"供给管理"手段,其后又有一系列对供给侧的产业政策、技术经济政策的强调与运用,标志着"供给侧"学派的第二次回归。2017 年 12 月 22 日,美国总统特朗普签署了自 1986 年以来美国最大规模的减税法案,这一法案将于 2018 年 1 月 1 日生效。特朗普此番推行的减税法案,目的就在于改善由高税负和税制复杂等问题所造成的美国企业竞争力和营商环境效率处于劣势的局面。特朗普政府期待通过税改,达到"降成本"之目的,从而引导全球产业、资本流入美国。以此在短期内达到创造就业的政策目的,中长期则意在重塑美国的国际竞争力。由此,又很快构成了"供给学派—凯恩斯主义复辟—供给管理"的新轮回。

二、供给侧并非供给学派

中国消费者在中国香港、欧洲、澳洲"扫荡"婴幼儿奶粉,到日本抢购马桶,在韩国购买化妆品……当中国消费者在海外疯狂购物的同时,国内消费的热度却并无国外那么高。实际上,自我国实行改革开放政策以来,外贸规模已稳居世界前列,中国制造的产品,其中主要是日用消费品大量出口国外。为什么人均 GDP 远高于中国人的西方人愿意花钱消费中国的低价格产品,而中国人却不愿意花钱消费自己的低价格产品呢?这说明尽管中国制造很强大,但一些产品"品位"的提升没有跟上国内需求,我们的供给侧结构有问题,这是不争的事实。

中国人在国外旅游都疯狂抢购高档化妆品、名牌皮包、货真价实的婴幼儿奶粉、药品等日常生活用品。为什么国内各种生活用品已经极其丰富,还要到国外排队"扫货"？问题不在消费者，而在于供给侧解决了产品"有""无"问题，却没有适应国内居民收入水平提高后对产品升级的期待。当中央提出"供给侧结构改革"时，人们很自然地想起美国的供给学派，甚至用供给学派的理论体系来解释或解读我国的供给侧改革。其实，这二者完全不是一回事。

（一）我们要了解什么是"供给学派"以及它的产生背景

"供给学派"是 20 世纪 70 年代出现于美国的一个经济学流派，因强调供给在经济中的重要性而得名。该学派认为，高税收会扭曲激励进而造成产出乃至税收减少，其思想被总结为"拉弗曲线"，认为政府减税并配合各种解除管制政策后，人们的劳动积极性会大增，企业也会增加投资，这样产品供给就会增加。而供给增加会引发产品价格的下降，进而解决通货膨胀问题。这种新办法被命名为供给侧管理或改革，这套新理论就叫作供给经济学。20 世纪 80 年代美国总统里根曾经采纳过这个学派的政策主张。

供给学派的兴起背景是针对当时出现的"滞涨"，即西方社会失业严重，同时物价持续高涨，这与凯恩斯理论的预测大相径庭，于是各经济学派纷纷质疑凯恩斯主义的经济理论，还有许多行业存在大量的过剩产能。面对这种问题，靠需求侧管理是难以解决的，而供给侧则潜力巨大，比如，电脑和互联网出现之前，人们没有对电脑的有效需求，但电子产品的互联网的出现和发展，很快带动了全球电子消费产品的革命；智能产品、互联网的发明，推动了供给和需求双侧的革新。

（二）我国的"供给侧改革"包含哪些内容

我国的"供给侧改革"，是从提高供给质量出发，用改革的办法推进结构调整，矫正要素配置扭曲，扩大有效供给，提高供给结构对需求变化的适应性和灵活性，更好地满足民众的需要。我们面临的供给问题是：钢铁和煤炭等行业存在大面积的产能过剩、房地产市场积压了大量的库存、经济缺乏新的增长点、社会民生各项服务亟待提升等。

这些问题如何解决？我们首先需要弄清楚这些问题是怎么产生的。在纯粹的市场经济体系下，供给侧是不会出现严重的问题的，因为企业是根据市场需求来决定生产什么、生产多少，没有需求的产品是不可能被生产出来的。所以，问题的关键是：是否有充分的市场竞争！过去为什么会出现大量的重复投资、产量过剩和结构失衡，恐怕与政府主导投资而不是由企业决定投资不无关系。由此看来，供给侧改革就是要按照市场导向的要求来规范政府的权力，改变政府公共政策的供给方式，使之更好地与市场导向相协调，让市场在配置资源中起决定性作用。否认市场在资源配置中的决定性作用而空谈供给侧改革，还是像过去一样以有形之手抑制无形之手，不仅不会有助于经济结构调整和产业结构调整，还会损害已有的市场化改革成果。一旦规范了政府的权利，真正能够由市场在资源配置中起决定性作用，我们就可能实现"大众创新、万众创业"：让微观市场主体去发现市场机会，而不是一味地由政府主导经济，真正需要政府做的，就是供给更好的公共服务，解放生产力，让生产要素向更加需要、更有效率的地方流动，化解过剩产能、房地产去库存，其目的是让低效率的企业从过剩行业退出，留下真正有竞争力的厂商，淘汰落后产能，引导企业进入真正存在结构性矛盾、供给不足的行业，实现资源有效率的配置，降低企业成本、防范化解金融风险、培育健康的股票市场，为企业创造良好的生产经营环境。

正如我们前面所提到的，我国的供给侧改革并不否定需求侧的作用，而是双侧入手的改革，不能顾此失彼，强调一侧，而忽略另一侧。这是因为，中国经济运行正面临着供给侧和需求侧都亟待结构性调整的双重压力：需求侧面临消费需求低迷的压力，供给侧的问题是结构性供给过剩和结构性供给不足并存，这又与需求侧的投资结构密切相关。只有坚持供给侧和需求侧的同步结构性调整，实现新的平衡，才能实现经济的稳步增长。

三、供给侧在世界各国经济政策中的使用实例实效

（一）英国撒切尔夫人的货币政策

撒切尔夫人的货币政策主要来自于弗里德曼的货币主义。撒切尔夫人上台后，首先做的就是控制通胀。当时英国的通胀已超过两位数，并迅速攀升，一度高达21%。撒切尔夫人将通胀视为头号大敌，认为它干扰经济活动，影响企业的理性规划，从而不利于投资与经济增长。于是，她遵循货币主义原则，通过货币的紧缩政策（先是直接控制M3货币供应量，然后是提高利率）控制通胀。这实

际上是一种紧缩性的需求管理,带来的直接后果是失业率从10%上升到大概12%。撒切尔主义对通胀的原则就是,治理通胀要不惜以牺牲就业为代价。撒切尔夫人在哈耶克自由市场的理论指导下,还采取了一系列供给方面的举措:私有化,减税,放松管制以鼓励竞争,削弱工会力量。她认为,国企是必定没有效率的,将之私有化有助于提高公司治理和效率。她将20家大型国企私有化,包括捷豹汽车、英国电讯、英国石油及工厂和港口等。这些公司在上市时,股价故意定得偏低,并面向所有人销售。1979年,英国居民持股比例占7%,但到了1987年,这一比例则上升到20%。这些举措在企业回归市场、提高效率的同时,还为政府提供了资金,创造了减税的条件。与此同时,撒切尔夫人大力减税以刺激经济活动。她将高收入的边际税率从80%降到50%,将低收入的税率也从33%降到25%,到了1982年初,英国经济衰退开始触底,通胀也降到了8%左右。英国的经济随后进入一段久违的良好发展期:GDP增速达到5%左右,通胀则进一步降到了4%左右。这一趋势一直延续到撒切尔夫人下台的前夕。因此有人评价,是撒切尔夫人挽救了英国经济。

(二)里根的"经济复兴计划"

虽然供给学派的政策主张并没有将美国宏观经济推向预期的增长高度,但仍然不可否认这种政策主张较有效地缓解了美国滞胀问题。在里根上台之前的美联储主席保罗·沃克尔曾用铁腕顶住压力把名义利率提高到20%以上,力求把通胀压下来。这是典型的需求管理手段。对于滞胀中的"胀"来说,这一招当然还是发挥了一些作用的,但对"滞"的解决却毫无贡献,故在理论圈内难获高度评价。1981年,新上台的里根总统提出的经济复兴计划开头就声明,他的计划与过去美国政府以需求学派为指导思想的政策相决裂,改以供给学派理论为依据,采取了大幅度减税和削减社会福利等措施以刺激经济增长和减少政府干预及赤字压力。里根执政期间,主导了两次重要的减税措施的制定和实施(1981年和1986年)。在美国处于高通胀、高利率的不利形势下,里根经济政策有效地平抑了通胀,并且大体保持赤字处于可控的水平。即使在里根卸任总统之后,人们依然看到里根经济政策对美国经济和国民活力的恢复与提升的影响。从1982年12月起,美国经济逐渐走出衰退,经济复苏势头比"战后"历次经济复苏都强劲有力。至 1988 年 5 月，美国经济持续增长 65 个月，成为"战后"和平时期经济增长持续时间最长的一次。通胀率也由里根最初上任时的 13.5% 下降为不到 5%。美国 GDP 占世界的比重也由 1980 年的 23% 上升到 1986 年的 25.2%。并且，这一时期也成为 20 世纪 90 年代以硅谷为代表的"新经济"技术革命的孕育期。

（三）美国在应对金融危机中真正解决问题时"区别对待"的政府注资

美国调控当局一开始对雷曼兄弟公司在斟酌"救还是不救"之后，对这家 150 多年的老店任其垮台，而有了这样的一个处理后又总结经验，再后来对"两房"、花旗，一直到实体经济层面的通用公司，就分别施以援手，大量公共资金对特定主体的选择式注入，是一种典型的政府区别对待的供给操作，并且给予经济社会全局以决定性的影响。

政府产业政策等供给侧问题在已有经济学研究中的薄弱和滞后。比如，在经济发展中"看得见摸得着"的那些"产业政策"方面，虽美国被人们推崇的经济学文献和理论界的代表人物均对此很少提及，但其实践可圈可点，从 20 世纪 80 年代《亚科卡自传》所强调的重振美国之道的关键是"产业政策"，到克林顿主政时期的信息高速公路，到近年奥巴马国情咨文所提到的从页岩气革命到 3D 打印机，到制造业重回美国，到区别化新移民和新兴经济等一系列的亮点及重点，都不是对应于教科书的认知范式，而是很明显地对应于现实重大问题的导向，以从供给侧发力为特色。

第三节 供给侧下市场决定资源配置需要重视的几个问题

针对目前生产中存在低效率、资源配置不当、技术进步比较缓慢、企业创新能力不足等问题，"供给侧"这一提法是有益的，而市场决定资源配置正是供给侧的内容之一。

中国在实行"供给侧管理"的时候，尤需注重以经济手段为主，与深化改革、优化制度供给紧密结合。进行结构优化调整，需要做的事情很多，其中很重要的一点是，要十分强调和注重通过经济手段来调节，如果只用行政手段、法律手段的话，在市场经济环境下，作用会十分有限，副作用也是比较明显的。这需要通过市场决定资源配置的经济手段来辅助解决。很多事情政府不一定能看得很准，可能往往只知道一个方向，比如说要节能降耗，到底什么样的企业、什么样的技术路线能在节能降耗中有竞争力、能够站住脚，这要通过竞争才能得出结果。实际上在推进大量的结构优化事项的过程中，政府需要做的更多应是给出一个导向，再加上经济手段（经济杠杆）的规范化设计，比如系统地、有针对性地体现产业政策和技术经济政策的税收或者支持扶助的优惠措施，让企业自己在竞争中形成优化配置，通过市场优胜劣汰，达到很好的效果。比如在税制方面，要达到淘汰落后产能、优化结构的目的，需要充分利用资源税、消费税、环境税的区别对待措施；为推动中国经济发展方式转变，无论是生产领域，还是消费领域，资源要素的相对价格都应该上调，从而使全社会的各个方面更加珍惜资源，节约使用初级产品，刺激各种经济主体千方百计地开发节能减耗的工艺、产品和技术。从长远来看，这种经济杠杆不但要使用，而且要充分使用。

一、"市场决定资源配置"的历史渊源和发展历程

要全面推进深化改革，必然会涉及总体资源配置的机制问题，不仅是经济要素资源的配置，还包括文化、政治也必须在资源配置经济机制层面之上共同解决好的制度建设基本取向问题，这直接涉及党的十八大报告所强调的政府与市场关系这一"改革的核心问题"。此问题又必然会联通到党的十八届三中全会《关于全面深化改革若干重大大问题的决定》（以下简称《决定》）中紧跟"现代国家治理"的第二个核心概念即"现代市场体系"。

党的十八届三中全会《决定》第一次于中央最高层级文件上明确要求"使市场在资源配置中发挥决定性作用"，这是党和政府在市场和资源配置的关系中，第一次把市场的作用提升到这样高的地位。邓小平在改革开放之初（1979年）接见外宾时，就明确提到：社会主义为什么不能搞市场经济，我们也要搞市场经济。但此话当时对内不作传达，秘而不宣。目的是不想因为出现关于这个理念的

争辩而丧失机遇,只要力求把"实事"做起来,就是用事实说话。此后,中国渐进落实了一系列"实事":第一,从鼓励农村的"分田到户"走向联产承包责任制,几年之内使农村面貌改观。第二,以"杀出一条血路"的决心和魄力在深圳等地建立特区,"撞击反射"、梯度推移。第三,"摸着石头过河",微观层面试行国有企业基金与利润留成,宏观层面上设计渐进改革,首先于1980年从财政实行分灶式吃饭开始放权,并在向地方放权的同时,明确要求权力要继续下放到企业,让企业活起来,打开财政分权这个空间以后,后续的计划体制改革、投资体制改革、劳动人事制度改革、金融制度改革等再逐步推出。第四,1984年通过中央全会的形式正式做出关于经济体制改革的决定,总体上定位为"有计划的商品经济"。第五,1986年考虑经济改革必须配上政治体制改革,否则经济改革就走不远,并把"有计划的商品经济"进一步表述为"国家调节市场,市场引导企业",即政府不再是一竿子插到底管控企业,而是使用法治化环境中规范的经济参数手段(如利率、税率、折旧率)影响生产要素的价格信号,给出微观主体自主做出生产经营决策的空间,以解放生产力,使千千万万分散的市场主体的聪明才智可以得到最大的自由选择空间真正地释放出来。第六,20世纪80年代末期,邓小平曾表示:那两句话(指"国家调节市场,市场引导企业")如果认为不合适,可以先不提;但他又给出十分强硬的态度:"党的十三大的政治报告一个字都不能改",要把人民群众公认是改革的人放到领导岗位上。第七,在1992年年初有决定性意义的南方谈话后,中国得以在几个月内由最高决策层确立了社会主义市场经济目标模式。接着,1994年财税配套改革就成为打造社会主义市场经济中的间接调控体系的重要内容。然而,即使是在确立市场经济目标模式之时,文件中的表述也只是说到使市场在资源配置中"发挥基础性作用"。现在,又经过20余年的发展,终于有了《决定》所说发挥市场在资源配置中的"决定性作用",当然,这个"决定性作用"是对于资源配置总体而言的,并不是市场决定一切,不是在每一个场合、每一个具体领域,特别是非经济领域都决定,紧跟其后的是一句:"政府更好地发挥作用"这样的要求。习总书记曾以很长一段话对"决定性作用"做出专门解说,其核心意思在于这一表述有利于实质性地解决好党的十八大所提出的政府和市场关系这一改革核心问题,有助于实质性地推动攻坚克难的配套改革。

二、"市场在资源配置中起决定性作用"强调"大力发展混合所有制"

在"市场在资源配置中起决定性作用"概念后，还强调地提出了市场经济基石——产权制度层面，具有突破性意义的表述——要大力发展"混合所有制"，把它作为基本经济制度的重要实现形式。对于混合所有制的理解虽然还有分歧，有的专家学者认为，多种经济成分并存就是混合所有制，但我们认为应有的认识之关键点，是现在所强调的混合所有制的内涵，实际上是在一个个企业经济体内，以股份制这种现代企业制度形式，联结于内部治理结构，以最大的包容性，把所有的产权包括"公"的股、"非公"的股，"国"的股、"非国"的股都混合、涵盖在里面，寻求多赢、共赢——更实质的追求，便是有效解决国有股"一股独大"式的垄断经营以及民营企业如何突破"玻璃门""旋转门""弹簧门"等问题。

马克思在《资本论》中说过，如果没有股份制，铁路的兴建将是不可想象的。马克思有生之年已敏锐意识到股份制的包容性对于经济和公众的影响，指出它是原来私有制的一种"扬弃"，但还没有体现如何总体冲破资本私有制的外壳，所以马克思称为"消极扬弃"。100多年又过去了，随着人类社会发展、文明提升，我们的认识应与时俱进，这一认识从"消极扬弃"走向"积极扬弃"。

"混合经济"概念，在萨缪尔森《经济学》中提及的是建立于股份制这个产权基石形式上，实际上与此是相通的：如以通用汽车、通用电气等跨国公司为例，其股权结构已高度分散，通用公司最大股东的股权份额只有几个百分点，不少普通劳动者和产业工人都有股份，这就是我们早就听说的所谓"人民资本主义"。这种混合所有制的运行形式是在高度法治化情况下，使所有权益纠纷都能够低交易成本地依法解决的标准化股价制。股份制的现代企业制度，对于市场经济中产权制度基石的处理，提供了顺应社会化大生产的发展、工业革命后人类文明提升过程的良好制度载体。实际上，混合所有制在我们观念上所要求的突破，就是要淡化和摒弃过去对企业股权层面"国进民退"还是"国退民进"，穷追不舍地问到底是姓"公"还是姓"私"、到底是姓"社"还是姓"资"的"贴标签"思维，以微观层面的现代治理呼应宏观全局的现代治理，进一步打开包容性发展的潜力空间。

以近年来影响全球经济运行的调控大事件为例：一是针对亚洲金融危机，二是针对美国次贷危机引发的全球"金融海啸"与金融危机。

首先，看一下媒体所称的"港元保卫战"，索罗斯在香港地区市场布局后启动其"狙击"时，特别行政区政府的应对措施是把隔夜拆借利率一下提高300%，使游资的运作成本一下高得难以想象——当然这也加剧了股市的急跌，但特别行政区政府又动用政府外汇基金和土地基金入市托住股市，结果没有发生索罗斯预测那么深度的跌落情况，混合所有制框架下特有的调节调配空间"港元保卫战"的结果是索罗斯在中国香港地区没有如在泰国等地那般得手。当香港的金融市场恢复稳定后，特别行政区政府又以盈富基金模式，逐步有序地出售手中"官股"，尽量减小对市场的影响，而且还可以卖个好价钱，溢价部分成为公共收益。这是混合所有制框架下的调控产生了很好正面效果的案例。

其次，看一下美国政府如何对其金融危机进行调控。美国爆发金融危机后，政府实际上跳出主流教科书和"华盛顿共识"的套路，在供给侧区别对待地出手调控：在一开始没有救雷曼公司导致局面迅速恶化后，美国当局总结经验，分别出手为"两房"、花旗通用注资。美国并没有争议过这个操作中姓"社"还是姓"资"的意识形态问题，而是在这个特殊的调控阶段，使用了这样的操作手段，使混合所有制的包容力对于以后整个经济全局产生了明显的正面效应，不仅美国的经济社会走向稳定，而且使世界性的危机得以缓解。

目前，中国经济体制改革需要的不是简单地贴姓"社"姓"资"的标签，而是要把握好当前国内国际经济发展趋势，导向企业改革解决实际问题。

三、市场价格机制在市场决定资源配置中的重要性

"市场在资源配置中起决定性作用"，这是由市场本身所具有的独特属性决定的。在计划经济体系下，商品价格不反映市场供求关系，不能随商品供求关系的变动而变动，即使某种产品供过于求或供不应求，商品价格都不会及时调整，因

而不能正确引导资源的流向，从而导致资源错配，短缺严重，经济效率低下。在市场经济下，决定各种生产要素流动的是市场价格机制，各种产品价格和要素价格也是由市场的供求关系决定的，价格上涨会抑制消费和需求，刺激生产和供给，而价格下跌会刺激消费和需求，抑制生产和供给，通过价格的自由涨跌，市场会自动使各种经济资源配置到其所需要的各个部门或各个领域。我国实施改革开放后，计划经济逐步向市场经济转轨，绝大多数商品实行市场定价，经济运行情况大为改善。

市场价格机制在资源配置方面所具有的独特作用和优势，决定了资源配置必须由市场说了算。具体来说，主要表现在以下几个方面：

（一）市场价格能够有效调节商品供求关系

根据经济学基本原理，价格是由供求决定的，反过来价格又会调节供求。市场上某种商品供过于求时，一部分卖者无法按现行价格卖掉其产品，卖者之间会展开竞争，报价低者才能出售其商品，因此该商品价格会下跌。价格下跌会导致生产者利益受损，一部分生产者会减少产量或退出市场。但价格下跌有利于消费者，刺激他们增加需求。这样，供过于求的局面会慢慢改善，直至在某一价格水平下达到供求平衡。反之，如果供不应求，一部分消费者无法按当前价格购买其想要的产品，买者之间会展开竞价，出价高者获得产品，所以该产品的价格会上涨，生产者获利增加，刺激其增加产量或吸引其他厂商进入该市场，但价格上涨会抑制消费者的需求，供不应求的局面也会因此慢慢改善，直至供求达到均衡。通过价格变化还能促进资源的合理使用。例如，水、电、煤气、汽油等一些自然资源或者生产要素，如果价格定得过低，人们就会不加珍惜，过度使用，形成浪费，增加污染，一旦调高价格，人们马上会做出反应，促使他们节约使用各种资源，这也是市场价格调节供求关系的体现。

（二）市场价格的自由涨跌可以有效引导资源配置

资源具有灵活的流动性。经济资源是否按人们的需求得到合理配置，通常会及时在产品价格变动上得到反映，也就是说，市场的有效性能够确保资源配置的合理性。如前所述，产品市场上供过于求时价格会下跌，导致生产者利益受损，一部分生产者会减少产量或退出市场，转而生产其他有利可图的产品，资源会从该产品市场流出，转向其他生产领域；市场供不应求时价格会上涨，生产者有利可图，刺激其增加产量或吸引其他厂商进入该市场，资源会从其他生产领域大量流入该市场。对于这种现象我们并不陌生，以前的VCD、DVD等产品市场，以及当前的房地产市场，都是引导资源配置的极好例子。因为有价格的自由波动和经济当事人追逐利益最大化的本性，各种资源会随着价格变化而流动到最需要的地方去。在市场价格的引导下进行资源配置，可以消除低效率的生产和消费，保持社会以高效率完成经济活动。市场就如同一架超级计算机，在准确地计算着每个消费者的需求和每个生产商的成本，以极其直接的方式向人们传递准确的信息。

（三）市场价格机制能够有效提高经济效率

理性的消费者在市场上选购商品时，基本原则是同样的商品比较价格高低，同样价格的商品比较质量或性能好坏，这就是消费者通常所说的性价比。产品价格和质量的高低，完全取决于厂商的生产技术和管理水平。企业进行生产经营的目的是追求利润的最大化，如果厂商能够不断改进其产品生产技术和提高企业管理水平，就必然能够以同样的成本，生产出更多物美价廉的产品供应市场，一方面，使得自己的投入产出比极大提高，获利更丰厚；另一方面，吸引了更多的消费者，打开市场销路，使得该厂商在激烈的市场竞争中取胜，形成市场上的一种良性激励机制。可见，市场价格能够激励生产者改进生产技术和经营状况，尽可能节约资源，降低生产成本，使用最有效的生产要素组合追求既定产量的成本最小化或既定成本的产量最大化，提高资源使用效率。当全社会的生产者都这样做时，整个社会的全要素生产率就会不断提高。需要指出的是，上述市场价格机制作用的发挥，都是在市场竞争中自发实现的。每个生产者和消费者在竞争中都追求个人利益的最大化，但却会有效地促进整个国民财富的增长。市场价格机制如同一只"看不见的手"在指挥着人们的经济行为，逐步实现资源的合理配置和劳动生产率的提高。当然，市场机制有时也可能产生不合意或次优的结果，但我们没有比之更好的配置方式可供选择，所以诺贝尔经济学奖获得者、美国经济学家弗里德曼曾评价这只"看不见的手"时说，市场经济超越所有君王和政府，如同上帝一般无法管制和驾驭，故地球上最强大的"有形之手"（政府）也对其退避三舍。

四、市场决定资源配置，需要满足如下前提条件

市场决定资源配置，让市场机制起作用，必须建立在以下前提的基础上：

（一）市场主体的产权要明晰

如果产权不明晰，生产经营成果不能归属市场主体，企业或个人就没有被激励去捕捉经济信息，调整产品价格，改进生产技术和改善经营管理。那么上述市场价格机制的各种促进作用就无从谈起，势必会导致资源错配和浪费。例如，当前很多农民进了城，买了房，在城市工作和生活，其在家乡的耕地和宅基地闲置起来，但由于产权不属于该农户，无权处置，因而导致一方面城市用地越来越紧张，另一方面农村却存在大量荒废土地的局面。

（二）市场主体要拥有法律范围内的自主决策权

市场主体的经济决策是自由而分散的。只要市场主体不违反法律，"法无禁止则可行"，应自由决策，采用自己的方法追求自身的利益，以其劳动或资本与其他主体进行竞争。这是产品价格、产量、要素价格等能由市场主体决定的前提。

（三）要有相关完善的法律制度

健全相关法律制度，以维护健康的市场秩序。市场经济活动中各个主体、各种行为都必须以法律的形式加以规范，尽可能保护每个参与人的合法利益，使其不受社会上任何其他人的侵犯，对于违规行为予以严惩，以规范市场秩序。通过健全的法律制度保护产权、维护契约、促进平等交换和公平竞争、实施有效监管，可以降低市场交易费用，保障市场健康运行。从国内外经验看，没有健全的市场经济法律制度，就不可能有完善的市场经济体系。

上述三个条件必须同时具备和满足，缺一不可，否则由市场决定资源配置就会如同空中楼阁。以上三个条件只有在能正确处理政府和市场的关系的前提下才能存在，因为政府和市场的关系，说到底就是政府和市场主体的关系。因为政府是国家政权机关，拥有强大特权，所以政府和这些市场主体相比，前者是强势，后者是弱势，如果政府和市场的关系定位模糊，政府与市场主体的权力边界不清，政府就会轻而易举地利用自己的特权，侵占市场主体的利益，去做那些不该由它来做的事，却不做本应该由它来做的事，这样，市场决定资源配置的三个条件就无法具备了。

第二章　市场决定资源配置是市场经济的一般规律

第一节　什么是市场经济

一、市场体系和市场经济

市场体系是相互联系的各类市场的有机统一体。具体包括：

(一) 买卖货物的市场

这种市场可以是有形的，即有固定的交易场所，买者和卖者聚集在一个场所中进行交易，交易所为买、卖双方提供各种方便措施，有生产资料交易市场和消费品交易市场。另外，这种市场也可以是无形的，依靠买卖双方的个别接触，中介人的邮政通信、电话电报或计算机网络完成交易。

(二) 各种服务市场

服务市场是指不通过实物形态的产品而为消费者提供的服务。服务市场可以分为广义服务市场和狭义服务市场两类。广义服务业是指除物质生产部门之外的所有其他部门，包括金融业、保险业、政府行政机关和事业单位等第三产业提供的服务。狭义服务业一般包括公用事业、个人服务、企业服务及各种修理、教育和社会慈善事业、法律、会计等专业性服务。

(三) 生产要素市场

土地、劳动和资本是三种最基本的生产要素，要素市场主要有房地产市场、劳动力市场、人才市场、科技市场、金融和证券市场、外汇调剂市场等。

市场经济，又称自由市场经济，是一种经济体系。在这种体系下，产品和服务的生产及销售完全由自由市场的自由价格机制所引导，而不是像计划经济一般由国家所引导。

在实行市场经济之前，从15世纪到17世纪可以称之为重商主义。在重商主义看来，政府的经济职能是十分重要的。在这一时期，主张市场应该由政府干预的思想占主导地位。

在市场经济里，并没有一个中央协调的体制来指引其运作，但在理论上，市场将会通过产品和服务的供给和需求产生复杂的相互作用，进而达成自我组织的效果。

市场经济是随着商品生产和商品交换的产生而发展起来的，按照市场规律配置社会资源，自发地调节社会生产和消费比例关系的一种经济运行方式。市场经济的发展经历了两个不同的发展阶段，即自由市场经济与现代市场经济。

按照传统的市场经济体制的演进历史，一般将市场经济分为4个阶段，首先是自由市场经济时期，也就是通常我们所说的经济自由主义。

1. 经济自由主义

经济自由主义，也叫古典市场经济，即完全由市场力量来自发调节的市场经济。一般指20世纪以前存在的市场经济。它建立在工业革命以及相应的生产技术基础上，以机器生产为主体，生产能量得到充分的释放。这一阶段采取的是一种国家不干预经济生活的自由放任政策，整个经济在"一只看不见的手"的支配下自由运作，社会经济运行呈现出一种无组织、无计划的自然运行状态。这一时期是从1776年亚当·斯密出版《国富论》至20世纪20年代。

在自由市场经济发展的初期，面临的主要问题是不具备资本主义市场经济所需的外部条件，市场体系还不完善。这一阶段，经济学家的主要任务是探讨市场经济发展的要求，揭示其内在运行机制，探求增加财富的途径和手段。1776年亚当·斯密的《国富论》正是这一阶段经济思想的集中体现。亚当·斯密《国富论》

中提出，应该由一只看不见的手支配市场，政府仅仅是个"守夜人"。即一切经济活动均可由市场这只"看不见的手"调节，除了我们今天所说的国防、警察和公共产品三项，其他管得最少的政府就是最好的政府。他提出的"看不见的手"的著名论断，使人们第一次对市场经济运行的基本法则有了清晰的认识。亚当·斯密提倡的经济自由主义对资本主义各国实行自由放任的市场经济制度产生了深远的影响。以后的经济学家也大都沿着经济自由主义的轨迹，结合当时的经济发展需要进行经济理论的发展与创新。

然而，自由市场经济在带来异常可观的经济效果的同时，也出现了一种令人忧虑的状况，这便是生产过剩或经济萧条，这种经济危机以周期的形式经常发生。作为主流的经济学理论，亚当·斯密的自由资本主义的经济理论支配了欧美国家100多年，直至20世纪30年代席卷整个资本主义世界的经济大危机为止。

为了弥补这种自由市场竞争的失灵，西方市场经济国家普遍实行了政府干预。这样，自由市场经济就发展为现代市场经济。

现代市场经济萌芽于20世纪初，形成于两次世界大战之间。它建立在更加发达的生产力水平基础之上，实行国家宏观调控的市场经济。相对于自由市场经济，现代市场经济制度及其运行更趋完善，表现为市场机制的健全，法律的完备，保障制度的社会化、规范化，宏观调控手段的完善以及调控机制的健全，较之自由市场经济，更加注重宏观经济效益和社会效应，注重对效率与公平的协调。现代市场经济是市场经济发展到一个更加高级的阶段。

现代市场经济迄今为止经历了以下3个阶段：政府干预主义、新自由主义、新凯恩斯主义。

2. 政府干预主义

20世纪30年代的经济大危机引发了西方经济学在20世纪的第一次大革命，即"凯恩斯革命"。以亚当·斯密经济理论为基础的传统的、新古典的经济学说因此让位于约翰·凯恩斯经济理论为核心的国家干预理论。进入20世纪，1929~1933年资本主义经济危机的爆发，使经济理论发生了一个大转折。那种认为通过市场的调节经济就可以达到均衡的理论与经济现实大相径庭。凯恩斯在1936年出版的《就业、利息和货币通论》一书，指出市场的自发调节不可能实现充分就业，使经济自动达到均衡，因而市场经济必须要有政府的干预。这就标志着古典学派的自由主义经济理论已经让位于必须进行国家干预的凯恩斯主义。以此为标志，市场经济进入了有宏观调控的现代市场经济阶段。市场经济理论也由此沿着经济自由主义、政府干预主义的不同轨迹继续向前发展，甚至出现了把二者结合起来的新综合的趋向。世界市场经济的理论与实践发展已经表明，现代市场经济是建立在市场机制基础上运行的，同时又离不开国家的宏观调节。凯恩斯政府干预主义成功地将资本主义制度从20世纪30年代的大危机中拯救出来，给资本主义以再生。凯恩斯主义对当时西方经济社会的理论体系起到了"革命"性的效果。

3. 新自由主义

新自由主义提出，政府不应像凯恩斯主义主张的那样调节和干预经济，而应仅仅维持市场经济秩序，做好裁判员，绝不可亲自参加比赛。这一时期的代表人物有美国新货币主义经济学家弗时里德曼，德国新自由主义弗来堡学派经济学家缪勒·阿尔玛克、罗普克、艾哈德。

进入20世纪70年代以后，西方国家先后出现了新的经济危机，并且，通货膨胀与经济停滞同时出现，形成了所谓"滞涨"现象。同时，国家财政赤字愈来愈大，而社会失业人口却愈来愈多，凯恩斯主义因此在政策实践中面临一种难以解脱的两难选择境地：如果采用扩张性的财政政策，势必会加剧通货膨胀；如果采用紧缩性的财政政策，又会导致经济停滞，加剧经济危机。事实上，受凯恩斯理论影响最大的国家，遭受的痛苦也愈多。

面对这种现实人们不得不承认凯恩斯主义的失灵，并且采纳了新自由主义的市场经济主张。这一理论在20世纪六七十年代以后，伴随资本主义社会严重的经济"滞涨"危机，以及凯恩斯主义的政府干预理论显得无能为力的情况下，迅速地发展起来。

4. 新凯恩斯主义

新凯恩斯主义的主要特点是：为凯恩斯理论寻找新的研究方法，进一步发展了凯恩斯的宏观经济学，在重视政府政策干预的有效性的同时，指出政府干预的局限性。

它是在20世纪80年代后期和90年代初期兴起的。进入80年代以后，西方国家再次出现了失业率猛增且居高不下、国内的生产总值下降、经济增长停滞、政府财政状况恶化等一系列的问题，面对这些问题，新自由主义理论显得束手无策。这不能不引起人们对新自由主义经济学理论的怀疑。正是在这样的历史条件下，新凯恩斯主义或新凯恩斯主义经济学应运而生，出现了凯恩斯主义的某种"复兴"，国家干预论东山再起，并成为克林顿政府经济政策的重要理论依据。政府对经济总量干预的必要性为新凯恩斯主义的提出和发展提供了契机。

经济理论的发展是随着市场经济的发展过程中出现的新情况、新问题应运而生的。

根据市场经济的发展轨迹看，市场经济不是资本主义特有的经济运行方式，资本主义市场经济只是市场经济发展过程中的一个特殊阶段。事实上，从商品生产和商品交换诞生开始，就有了用于商品交换的市场，因而就应该有了市场经济，只不过那时的市场狭小，还不具备支配社会经济生活的地位，也还没有作为一种系统理念提出来，真正在社会经济生活起主导作用并把市场经济作为一种系统的理念提出是进入资本主义时代后。事实上，伴随商品生产和商品交换发展起来的市场经济，在其发展过程中，大约经历了四个发展阶段，而每一个发展阶段，都具有其不同的历史特点。市场经济曾经也被用作资本主义的同义词，但目前世界上绝大多数的社会主义国家也实行了市场经济。

二、市场经济的几个时期

依据上述4个阶段的传统的市场经济演变过程，我们可以按照从资本主义到社会主义的政体发展角度，概括市场经济发展的几个阶段，并且把它们细化为几个历史时期。

（一）资本主义前期的市场经济

资本主义前期，这一时期是指从封建社会末期到自由资本主义开始时期。这个时期整个社会还处在封建社会阶段，自给自足的自然经济（小农经济）仍然是社会经济的主导力量。此时的社会生产力极其落后，人们用简单的手工工具所生产的劳动产品，主要是满足自己及家庭生活需要而不是用来交换。当时虽然也有商品交换发生，但只是处于从属地位，是自然经济的补充成分，在整个社会经济生活中不起主导作用。

到了封建社会末期，随着社会生产力水平的提高，新的生产工具的使用，手工作坊开始大量出现，商品生产和商品交换迅速发展起来，自然经济逐渐趋于瓦解，并最终让位于商品经济，于是人类社会就从封建社会过渡到了资本主义社会。

资本主义社会前期的商品生产和商品交换是在生产力极其落后的情况下，作为自然经济的补充成分而存在的，同样作为商品交换的市场，还远没有达到全面调节社会生产和消费的水平，只是处于一种初级阶段。可以把它叫作"不完全的"或"处于萌芽状态的"商品经济或市场经济。

在资本主义前期后，正式进入资本主义时期。资本主义时期分为两个不同的阶段，即自由资本主义时期和垄断资本主义时期。按照传统的社会分段理论：两个阶段大约以 19 世纪 70 年代前后为分界点，这在以前叫自由资本主义时期，以后叫垄断资本主义时期。

（二）自由资本主义时期的市场经济

自由资本主义时期，是资产阶级在被推翻了的封建制度的废墟上建立起来的，这一时期是资产阶级的创业阶段，整个阶级显得朝气蓬勃，欣欣向荣，带有革命性和进步性，是资本主义制度向上发展的历史阶段。

这一时期，机器大工业生产取代了手工作坊（工场手工业）生产，社会化生产方式取代了自然经济的自给自足的生产方式。蒸汽和电力的广泛运用使社会生产力得到极大提高。

自由竞争是这一历史时期占统治地位的普遍经济现象，在自由竞争的社会环境下，资本家为了增强自身的实力，在市场竞争中占据有利地位，一方面不断提高工人的劳动强度，压低商品生产成本；另一方面不断改进生产技术，提高劳动生产率，从而促进了社会生产力的迅猛发展。

马克思说：资产阶级在它不到一百年的统治中所创造的生产力，比过去一切世代所创造的生产力的总和还要多，还要大。但是，这时资本主义企业处于发展阶段，所有制形式以独资（个人或家族所有）为主，且规模也不算大，企业不可能按整个社会的需求有计划地组织生产，而是根据商品的市场价格组织生产，带有很大的盲目性。当某种商品可能带来高收益时，众多资本便蜂拥而上，集中生产某种商品，造成该商品的供大于求，价格就下降，甚至卖不出去，形成生产过剩，一些企业就倒闭或破产；接下来，资本又寻找下一个新的目标，如此周而复始。

我们姑且称这个时期的市场经济为"完全的"或"处于发展状态的"商品经济或市场经济。趋利行为似的自由竞争使资本可以在各部门各行业之间不受限制地自由转移，必然会导致整个社会生产的无政府状态，加剧生产与消费的矛盾，造成社会资源的极大浪费，引发社会经济危机；经济危机爆发时，一方面是大量的商品积压，另一方面是大多数人却无力购买自己生活必需的商品。马克思把这种过剩叫作"相对生产过剩"。

自由资本主义时期的市场经济，以自由竞争为前提，社会的生产与消费完全通过市场自发调节。价值规律，平均利润率规律，资本自由转移等商品生产和交换的基本经济规律，充分发挥作用并自发调节社会的生产与消费。

（三）垄断资本主义时期的市场经济

据记载：到 19 世纪末 20 世纪初，自由资本主义就进入了垄断资本主义时期。所谓垄断就是独占，自由竞争必然会引起社会生产和资本的集中，集中发展到一定时候就形成垄断，经济垄断就是独占生产和市场，这时股份公司成为资本主义所有制的主要形式。与此同时，在邮政、电报、铁路等方面也出现了资本主义国家所有制，垄断形成后必然会渗透到社会经济的各个领域。

列宁在《帝国主义是资本主义最高阶段》一文中分析垄断形成后的特点时指出：少数几个大企业联合起来独占生产和市场，控制一个或几个部门和行业的生产和流通，在这些部门或行业的经济活动中取得统治地位，操纵这些部门或行业的产品销售价格和生产资料的购买价格，以保证获得高额垄断利润。

到了 20 世纪初，各主要资本主义国家的垄断资本已将国内市场抢占完毕。于是，争夺世界市场成为其共识，这种为争夺原料产地和消费市场的冲突愈演愈烈，终于发展成为第一次世界大战。如果说第一次世界大战是垄断资本为争夺原料产地和消费市场而发动的战争的话，那么，第二次世界大战就是后起的垄断资本为重新瓜分原料产地和消费市场而发动的战争。

垄断资本主义时期的市场经济，已经不再像自由资本主义时期的市场经济那样，整个社会的生产和消费完全依靠市场自发调节。在垄断资本主义时期，价值规律，平均利润率规律，资本自由转移等商品生产和交换的基本经济规律，已经被分割或重新定义，垄断的生产和消费市场环境（条件）把这些基本经济规律的适用范围和实现方式加以限制和改变：生产和消费市场被分割为"垄断市场"和"非垄断市场"。参与"垄断市场"的资本，获得"垄断平均利润"，参与"非垄断市场"的资本，获得的是"社会平均利润"。我们把这种市场经济叫作被"分割了的市场经济"或"资本垄断集团影响和制约下的市场经济"。

原因在于，自由竞争必然会导致垄断的形成，然而，在资本主义条件下，通过自由竞争形成的任何形式的垄断，都无法穷尽社会经济生活的一切领域。无法实现垄断或不需要实现垄断的领域，仍然通行自由竞争原则。在这些领域，商品生产和商品交换的基本经济规律，仍然充分发挥作用并自发调节社会经济生活中该领域的生产与消费。在垄断已经形成的领域，商品生产和商品交换的基本经济规律，只是部分发生作用或是在改变了原有规律的情况下发生作用。

在现代发达资本主义国家中，垄断已在国民经济的大部分关系国计民生的领域中实现，自由竞争原则在这些领域很难通行，这些领域中实际上更通行垄断组织之间通过相互协议和行业（企业）计划的形式来调节生产和消费市场，以保证自己能获得高额的"垄断利润"。垄断组织通过相互之间协议和行业（企业）计划的形式来调节生产和消费的市场经济，在某种意义上讲，应该就是计划经济的孕育形态，或者说是计划经济的萌芽状态。因为资本主义企业（行业）内部生产是严格按计划进行的，一旦该企业在社会经济生活中某个领域取得垄断地位，实际上就构成社会局部生产的计划性。按此推理：如果很多个垄断组织在整个社会经济生活中取得垄断地位，那么，整个社会经济就转化为不同行业不同领域"有计划的经济"了。当然，在现实经济生活中，任何一个资本集团都不可能通过绝对的自由竞争来达到垄断一个国家全社会经济生活的目的，所以以上是基于假设基础上的垄断，并且不可能在所有的社会行业或者领域中得到垄断。

但是，这一经济运行方式相对比较成熟，在很大程度上避免了自由资本主义时期"完全市场经济"带来的副作用，同时又保持了社会经济的相对活力，这应该是为什么现代发达资本主义国家中，不容易爆发自由资本主义时期那样的全社会范围经济危机的原因之一。

（四）社会主义时期的市场经济

一般把垄断组织通过相互之间协议和行业（企业）计划的形式来调节生产和消费的市场经济，看成是计划经济的初级形态。一旦企业在社会经济生活中某个领域取得垄断地位，实际上就构成社会局部生产的计划性，并按此推理：如果一个企业组织在整个社会经济生活中取得垄断地位，企业计划转化为社会经济计划，那么，整个社会经济就转化为"计划经济"了。

而在当前的社会主义时期，计划经济的高级形态日益突显，它超越了垄断所导致的"计划经济"。一方面，在机器大工业条件下通过自由竞争形成的垄断，正在被20世纪70年代前后兴起的以信息技术为代表的"新技术革命"打破，互联网作为新生产力的代表，使得任何形式的垄断都显得比以前更为困难，有时甚至需要通过国家政权的强制力才能维持；另一方面，垄断所持续的时间周期也在进一步缩短。与此同时，经济信息的公开化、大众化也使社会生产和消费的目的性增强，盲目性减少，也为社会经济有计划发展创造了必要的条件。

21世纪社会生产力和生产工具（信息技术，互联网）的高速发展，全面推动了社会经济的全球化，经济全球化使得各种生产要素在全球进行自由流动，其本质是自由竞争原则在更高层次上的体现。自由资本主义时期的国内企业之间的竞争，在经济全球化的形势下，表现为国际经济集团之间的竞争。并且，各经济集团的利益同国家利益更加紧密地联系在一起，从而形成真正意义上的"政权（国家）垄断型经济"，也就是说：通过国家政权的力量整合社会资源，在这一点上，社会主义国家公有制经济有相当大的比较优势。

当然这只是一种社会发展趋势，这种发展趋势的目的是为探讨社会主义市场经济及其特点奠定一个计划经济不断发展的理论基础。

以上是一种理论上的假设，这种假设是把一个问题放在历史发展的过程中考虑的，从社会经济发展的趋势上看问题：市场经济与商品经济相联系，计划经济与产品经济相联系。两者相比，市场经济是低级阶段，计划经济是高级阶段，市场经济最终将被计划经济所代替，这是一个漫长的历史过程。但是，两者都只能与社会生产力的不同发展水平相适应才能促进社会经济发展。

社会主义市场经济也与垄断资本主义时期的市场经济有很多方面相近或相似，这是由同时代的生产力特征决定的。一般来讲，社会主义市场经济应该是市场经济最高阶段。

第二节　当今世界市场经济体制下资源配置的不同模式

世界各国的政治、经济、文化、历史的发展轨迹不同，经过多年的磨合后，到目前所形成的市场经济模式也各有千秋，各有特色，而由于事物总是处于动态的发展过程中，所以这些国家的市场经济模式也在不停地做着调整和变化，以适应不断变化的外部经济形势和国内自身的经济发展。根据市场和政府在资源配置中所起的作用，当今世界市场经济体制的成功模式大致可分为以下几类：

一、市场主导，政府依法辅助的美英市场经济模式

美英市场经济模式，其资源配置形式以市场配置资源为主，政府很少干预资源配置。

美英是老牌资本主义国家，政府与市场结合是经过漫长时间磨合之后形成了有机整体，功能互补性强，政府与市场关系能够做到层次分明，具有明确的定位与分工。美国早在罗斯福"新政"时期就奠定了这种基础，而英国在20世纪80年代撒切尔夫人执政时期，也基本上退出了国有化。强大的政府与强大的市场具有双层分工职能，有力地促进了新经济发展。

美国的市场经济模式，又称"自由主义的市场经济"，它十分强调市场力量对促进经济发展的作用，推崇市场效率和配置资源的功能，不主张政府对市场的干预。

在美国，企业拥有充分的自主权，美国绝大部分的生产、经营、销售和分配

等活动都是由企业、公司自主决策的，而这些决策主要以价格机制提供的信息为基础，根据供求关系来确定生产和销售等经营流程。但是，无论是企业还是政府，都必须在法律范围内进行决策。也就是说，一方面，美国企业必须在法律允许的范围内经营，如公司法、反垄断法、环境保护法、社会安全和保险法等，还有其他法律，如限制其他公司进入某特定行业，限制某特定行业的利润，律师、医生和法官必须经过相应的培训和领取营业执照才能执业等；另一方面，政府的政策只有在形成法律之后才具有法律效力，政府对市场的干预，或者说对资源配置流向的分布，必须在形成法律条文后才能够行使。

美国政府对资源配置的干预主要体现在以下几个方面：

(一) 美国通过财政和金融两方面对资源配置进行调节

1. 美国调节经济活动的财政措施有两个方面：税收和政府预算

税收政策有两种选择：增税以解决财政赤字或者紧缩经济活动；减税以刺激投资或消费，刺激经济活动。2013年预算赤字占当年GDP总量的4.1%，2014年预算赤字将占全美GDP总量的2.8%，相比2013年赤字减少32%，2014年美国政府预算赤字剧减至4920亿美元，创下6年以来最低纪录。

政府预算是通过政府多花钱或少花钱的办法刺激经济或紧缩经济。美国国会众议院2014年12月11日晚在最后关头艰难通过了高达1.1万亿美元的2015财年预算案，从而避免了美国政府再次遭遇关门的窘境。

美国2018年开启30年来最大税制改革，该税改法案付诸实施后，将给企业以及高收入者带来更多优惠。国会税收联合委员会公布的测算表明，该减税方案付诸实施后，将在10年内给美国经济带来0.8个百分点的额外增长，但由此而增加的财政收入远远低于减税法案本身造成的收入损失，整个减税方案将在10年内给美国联邦政府增加1万亿美元债务。

2. 美国的金融政策由联邦储备局负责

美联储的组织结构设计是全世界最复杂的。作为美国的中央银行，它被看作是独立的中央银行，因其决议无需获得美国总统或者立法机关的任何高层的批准。它不接受美国国会的拨款，其成员任期也跨越多届总统及国会任期。美联储服从于美国国会的监督，后者定期观察其活动，并通过法令改变其职能，同时美联储必须在政府建立的经济和金融政策的总体框架下工作。

美联储可以采取的金融措施主要有：

（1）提高或降低对商业银行的贴现率。这种措施主要起着某种信号的作用，即表明政府短期内金融政策的意图。

（2）买进政府债券以减少货币的供应量。

（3）增加或减少对商业银行的贷款。

这些措施目的是要通过调节货币的供应量，以刺激或紧缩经济活动，往往是为了缓和经济周期运动，稳定经济发展。

2009年在美国的次信贷危机中，房易美和房代美两家公司就受到了美国政府的帮助以解决由贷款引来的本次危机。

（二）极少部分领域不是通过市场来配置资源的，而是由政府直接干预

如，教育部门资源总量的分配由中央宏观机构通过行政手段掌握；中央宏观机构对基础研究领域也进行直接干预，为这类活动创造条件；国防开支的资源数量由国会决定，靠税收弥补，但军事订货经常是同中央宏观机构在市场上与私人签订合同，接受从经济角度看最有利的投标；对桥梁、水库和道路等基础设施的投资也由中央宏观机构控制，通过公开招标的方式，承包给私人企业。此外，法院、公共行政、警察和消防部门也属于不受市场调节的公共部门。

美国政府十分重视对农业的保护，并对农业进行宏观调控。美国农业部由各类国家股份公司，如农产品信贷公司、联邦机构和其他机构组成，它集农业生产、农业生态、生活管理，以及农产品的国内外贸易于一身，对农业产前、产中、产后实行一体化管理。美国农业部按照周、月时间规律出台各个农产品数据报告，包括大豆、玉米、小麦、棉花等农产品的每周/月出口销售报告、每周/月供需报告等定期报告，并定期出台展望报告，对未来一定时期的美国农产品播种等情况展望，同时，美国农业部还对除美国外的国家进行农业生产等方面的预测并出台相应报告。

（三）美国政府在外贸政策上的强硬干涉

美国政府根据其不同的经济发展周期和阶段调整其外贸政策，一般而言，在其经济高速发展时期，会实行宽松开放的外贸政策，在其经济危机时期，会采取

严厉苛刻的贸易保护主义措施。国家对对外贸易的管理主要有以下几种手段：关税手段；非关税手段（进口配额等）；法律手段（反倾销、反补贴、反不公正贸易行为等）；技术壁垒；绿色壁垒（如高标准技术要求和环保要求等）。此外，还有"军事管理"（出于军事目的而作出的外贸管理）、外交管理（出于外交需要而采取的经济措施）、政治管理（出于本国政治需要而作出的管理）以及总统根据授权而采取的临时措施。

自从2007年美国发生次信贷危机以来，美国的贸易保护主义色彩日益浓重。如近年来对中国光伏产业发起的反倾销和反补贴调查，在美国对华反补贴税案中还有薄壁矩形钢管反补贴终裁、纺织袋反补贴终裁、非公路用轮胎反补贴终裁等。

二、市场主导，政府适当干预的德国市场经济模式

德国的市场经济模式，确切地说应该是社会市场经济模式。是将个人的自由创造和社会进步的原则结合在一起，既保障私人企业和私人财产的自由，又要使这些权利的实行给公众带来好处。在国家和市场的关系方面，政府配置资源的原则：凡是市场机制能自行调节的，都应让市场去解决，政府只是为市场的正常运作制定规则，并在市场失灵的地方进行干预。

德国政府作为经济主体进行经济活动，而不参与或者干涉企业的资源配置。德国企业分两块：一块是德国的中小企业，德国的中小企业占德国全部纳税企业总数的99%，其所缴纳的税额占全国总税额的45.8%，占据了税收收入的半壁江山，在提供就业岗位方面，它们创造了德国经济大约2/3的就业岗位；另一块是德国的大企业，德国的大企业几乎都是股份公司，在大的股份公司中，股权相当分散，从20世纪80年代起，德国鼓励职工参加本企业的股份并给予奖励，目前德国有相当数量的职工持有本企业的股票，许多大公司中都有联邦政府和各级地方政府的股份，有时政府的股份足以控制这家公司，但不论政府拥有企业多少股权，企业仍和一般股份公司一样运行，一样纳税，政府除收取税收外，还可以分到所拥有股权应分到的红利，政府占有的股份可以转让给私人，也可以从私人手中购进股权。

在德国，政府基本上不规定工资与物价，也不规定具体的生产指标，这些基本上都是靠市场机制自动决定的。在工资方面，德国的工资基本上也是在劳动力市场上自由形成的，由劳资双方自由谈判，签订劳资协定，政府采取中立态度，不加干预。

德国政府在资源配置方面的表现主要体现在以下几个方面：

（一）在价格方面，以下几个领域是由政府来控制价格的

（1）德国的农产品价格是由欧共体规定的，为此，政府每年要补贴几十亿马克。

（2）德国铁路和邮电的价格也是由联邦政府规定的，发生亏损时由政府补贴。

（3）德国制定了《反限制竞争法》等一系列有关法律，并建立了卡特尔局，禁止企业与企业就生产、价格、销售、市场分割达成垄断协定，禁止妨害或破坏市场竞争的企业兼并，禁止垄断对外贸易，禁止成立其他损害消费者利益的垄断组织或集团；鼓励中小企业合作，积极参加竞争；保证企业有生产自由、经营自由、投资自由、雇工自由和劳资谈判自由。企业间兼并或合作协议，凡有利于竞争的都可以进行，但必须得到卡特尔局的批准，违反者将受重罚。

（二）德国政府和各级地方政府都有一定的经济计划，有中期的、年度的和短期的

这些计划仅仅规定一些综合性指标，对企业没有约束力，要通过财政、税收、信贷等手段进行调节。德国有一个由5名著名经济学家组成的"五贤人委员会"，负责在每年秋季提出一份全面估计当年宏观经济发展情况的鉴定书，作为各决策部门的参考依据，联邦总理在第二年一月要向联邦议会和联邦参议院提出一年一度的经济报告，对"五贤人委员会"的鉴定书作出反应，并提出当年的经济政策和措施。

（三）德意志联邦银行和联邦政府关系特殊

德意志联邦银行是德国的中央银行，其资本归联邦政府所有，但联邦银行又是一个具有公共法人资格的联邦直接法人，独立于联邦政府，在行使职权时不受联邦政府指令的影响，但它要支持政府的总体经济政策。保持币值稳定是联邦银行的首要职责。联邦银行根据对经济形势的预测和对市场行情的分析，决定收缩

或放松货币的发行量以保持马克的币值和稳定物价。联邦银行还可以用提高或降低商业银行在联邦银行的最低存款额,提高或降低它对商业银行的贴现率,在金融方面刺激或冷却经济。

(四) 完善的社会保障体系是德国社会市场经济模式的一个重要内容

德国的社会保障体系主要包括失业保险、医疗保险、养老金保险和工伤事故保险等。失业保险是全体职工的义务保险,保险费由资方和劳方各出一半,遇到失业时,缴纳过一定时期保险费并愿意接受劳工局为其安排适当工作的人,可以要求领取失业金,如果继续失业要申请失业救济,最高救济金可达净工资的58%。养老金保险是所有职工都必须参加的保险,保险金由劳资双方各出一半,养老金的多少视参加保险时间的长短和劳动报酬的多少而定,养老金随着全体职工平均工资的增加而增加。医疗保险有社会医疗保险和私人医疗保险两种。所有工人和收入在一定标准以下的职员及一些其他行业的人必须参加社会医疗保险;其他人在一定的条件下,也可以自愿参加。此外,还有工伤事故保险,大学生、学生和幼儿园儿童的保险、儿童补贴、住房补贴等社会福利和各种社会救济。

三、市场和政府共同配置资源的法国市场经济模式

法国的市场经济是以指示性计划为特征的混合经济模式,国有经济与私营经济并存,构成法国所有制特色的是在国民经济中举足轻重的国有经济。在法国,市场机制仍然是资源配置的基本方式,但是,国家的经济计划也作为另一种配置资源的方式,计划与市场同时调节经济,政府和市场同时配置资源,是法国混合经济体制的又一特征。

法国政府在资源配置方面的表现主要体现在以下几个方面:

(一) 市场机制仍然是资源配置的基本方式

法国的国有企业与私营企业均按同样的法律形式来组织和承担经济责任。大多数国有企业按责任有限公司的形式组织。政府作为股东,有责任为企业充实资本(通过留利或投资),但不为企业的债务担保。政府不会为国有企业大开资源配置大门,而仍然必须在市场经济的框架下,按照市场的资源配置进行运作。

(二) 国有经济是左右国民经济运行的一支强大力量

第二次世界大战后,法国几次发动国有化的运动,加强国有经济的占比。法国国有经济成分包括两大类:一是所有公用事业,包括煤炭、煤(天然气)和电力等工业、通信邮电、铁路及相当一部分的海运及航空公司;二是国家控股的股份公司,其经营领域从石油开采与加工、汽车、飞机制造、钢铁、电器生产到银行业与保险业。如法兰西银行和四大商业银行都实行了国有化。

但国有企业在政府的控制下有时为了实现社会目标而不得不牺牲盈利目标,造成低效率和亏损问题等,由此引发了20世纪80年代后半期的"非国有化"政策的推行。

(三) 计划与市场同时调节经济,是法国混合经济体制的又一特征

法国计划的编制虽然由计划总署组织,但实际工作由一个2000多名专家组成的现代化委员会进行。全国经济计划要通过立法程序确定其权威性,先由政府提出计划文件,交议会有关委员会审议,然后由国民议会通过并公布有关计划的法令。法国经济计划从制定到执行都通过政府、企业和社会各方的协商进行。计划的主要作用是对未来的经济环境做出广泛的预测,以此提供情报,指导那些分散的决策者。为了促使经济计划能够在更大程度上实现,法国政府还同企业和地方签订"计划合同",规定双方相互承担的责任。由于国家可以控制国有企业的决策而无法控制私营企业的决策,所以,经济计划对部门和国有企业有较强的约束力,而对私营企业约束力很小或者基本无约束力。

(四) 法国的社会保障制度完备复杂,覆盖面广

法国社会保障制度吸取了英、德两种保障体制的特点。目前,法国社会保障制度共包括四大类:普遍类(涵盖一般领薪者、学生和个人投保者)、农业类(面向从事农业的领薪者和非领薪者)、非领薪者类(实业家、企业家、商人、手工业者和自由职业者)和特殊类(公务员和国有企业的雇员)。共有近40种社会保险,涉及疾病、生育、工伤和职业病、残疾、养老、死亡、孤寡、失业及家庭补助和社会救助等各个方面。特别是在医疗保险方面,不仅领薪者本人可以享受,其配偶、子女及其赡养的老人也都能连带享受到。

法国社会保障体系由雇主和雇员代表共同管理,两者形成社会合作伙伴关

系，就收费和支出标准等重大问题进行决策。法国社会保障金来源主要是依靠"社会分摊金"而非税收，建立在工资收入标准之上，由雇主和雇员共同缴纳的分摊款，大约占其社会保障金来源的80%左右，而来自其他税收的部分则非常少，入不敷出时则要求政府通过统一税收加以补贴，形成社会分摊金基础上的国家兜底体制。

四、政府行政导向型的日韩市场经济模式

日韩的行政导向型市场经济模式，又称"社团市场经济"、政府导向型市场经济，是东亚地区最典型的政府导向型市场经济。它的主要特点需要从日本的产业政策、经济计划、宏观经济政策、金融系统及企业制度等方面了解。

在这种市场经济模式下，政府配置资源的方式主要是通过运用产业政策诱导社会资源向政府调控的领域和方向配置；通过政府与企业之间建立的"保护"关系，保证企业投资和管理符合政府的产业调控方向；运用政府计划和财政政策对社会资源进行直接配置。

（一）运用产业政策诱导社会资源向政府调控的领域和方向配置

从20世纪50年代重点发展纤维等轻工业，到20世纪60年代重点发展钢铁和化学工业，从20世纪80年代转向重点发展电器机械和汽车业，到20世纪90年代发展电子机械和信息产业的选择，每一次产业的转换选择，都是在政府产业政策的诱导下进行的。

（二）通过政府和企业之间建立的"保护"关系，保证企业投资和管理符合政府的产业调控方向

日本政府与企业的关系，并不是欧美国家那种纯粹的纳税关系。日本政府与企业之间，有一种约定俗成的指导和保护的关系。

（三）运用政府计划和财政政策对社会资源进行直接配置

日本政府对社会资源的直接配置主要通过两个方面实现：一是20世纪80年代末经济不景气以来，通过发行国债刺激经济增长。二是从20世纪50年代开始的每10年制定一次的"国土开发综合计划"，是日本政府按照计划对开发地区进行直接投资的计划。尽管这种投资主要是基础设施的投资，但对整个社会资源的

配置具有一定的引导作用。

财政方面，日本大部分财权由中央掌握。政府财政政策的调控经济包括几个方面：一是政府直接对公共事业的投资，为私人资本创造投资条件并开拓国内市场；二是利用减免税收、价格补贴等手段，以诱导私人资本的发展方向。政府财政政策的基本方向，则更多地用于解决社会福利等问题。

金融方面，日本现有两套金融机构，一套属于政府系统，另一套是在日本银行监督下的各类私营银行。政府系统的金融机构，是日本从20世纪50年代逐步建立起来的，包括日本开发银行、日本进出口银行。此外还有10多个公库。政府系统金融机构的资金来源的70%靠大藏省的"资金运用部"，它们又主要靠邮政储蓄的零散资金。大藏省集中了这些零散资金，使之成为政府系统金融机构资金的主要来源。

日本银行对私人银行和金融市场的调节主要采取两种措施：一是依靠调整利率；二是靠信贷控制。日本企业的自有资金比率在西方市场经济国家中是最低的。政府为了降低企业的资金成本，对债券利率也作了严格的控制。因此，日本的银行金融系统受到政府严格的干预。

（四）日本的外贸政策与其产业政策是密切配合的

从国际与国内市场看，日本经济是对国际市场高度依赖的外向型经济。原因：一是由于国内资源的短缺，使第二次世界大战后日本推进大规模的制造业发展过程中，必须大量进口原料和能源。日本对海外能源的依赖度高达87%，远高于其他发达国家，为了解决在大量进口中形成对外汇的大量需求和实现国际收支平衡的需要，在增加进口的同时，必须增加出口，日本的外贸政策，对进口实施了外汇配额和进口限额等控制措施。二是第二次世界大战之后支撑日本经济发展所需的技术和资本的积累，也需要在引进中进行。从20世纪50年代开始，日本就确立了"贸易立国"的经济发展战略，实现了国内市场和国际市场的接轨，不断根据国际市场需求的变化，确定产业发展重点，不断调整出口贸易结构，在较短时间内使日本经济在国际经济分工体系中充分利用国际市场资源方面表现出明显的优势和强大的竞争力。

第三节　影响资源配置的市场经济运行规律和运行机制

一、影响资源配置的市场机制构成

市场运行机制是指市场价格的波动通过市场主体之间的利益竞争、市场供求关系的变化调节经济运行的机制。

和市场经济的运行规律相对应，运行机制主要包括供求机制、价格机制、竞争机制和风险机制。市场机制是一个有机的整体，它的构成要素主要由市场价格机制、供求机制、竞争机制和风险机制等构成。

简而言之，"市场运行机制就是依靠价格、供求、竞争等市场要素的相互作用，自动调节企业的生产经营活动，实现社会经济按比例协调发展"。

（一）价格机制

价格机制是商品的供给与需求同价格的相互制约作用。供求的变化引起价格变动，价格的变动又会引起供求的变化。正是在这种联系和变动中，供求趋向一致，价格与价值趋向一致。价格机制是市场机制的核心。

（二）供求机制

供求机制是商品、资本、劳动力的供求之间的内在联系和作用机制。在一定的市场需求条件下，市场供给总量是由整个社会生产能力决定的，社会需求是消费者愿意购买并有支付能力的需求。

（三）竞争机制

竞争机制是指市场行为主体之间为获取经济利益最大化而进行的斗争。竞争是商品经济的本质属性，竞争机制可以促进社会供求平衡。

（四）风险机制

风险机制是市场活动同盈利、亏损、破产之间的相互联系和作用的机制。在市场经济条件下，任何一个微观经济主体都面临着盈利、亏损、破产等多种可能性，都必须承担相应的风险。风险机制以盈利的诱惑力和破产的压力作用于企业，从而鞭策企业注重经营，改进技术，加强管理，增强企业活力。

市场机制是市场三大基本要素互相结合、互相制约的一个循环运动过程。马克思曾深刻论述过构成市场的物质内容是供求，即商品供应与商品需求。商品供求是互相对立、统一和运动着的。市场机制作为市场特有的调节方式、调节功能和特殊的运动过程，首先离不开供求这个基本要素。但供求不可能孤立地存在，其运动局势和双方的变化直接受市场价格及市场竞争状况的制约。因此，构成市场机制运动的三大基本要素是价格、供求、竞争，不论市场性质、规模、范围如何，这三大直接要素不会变。这三大要素的组合及交互运动正是商品经济的基本规律，即价值规律、供求规律、竞争规律、平均利润率规律、货币流通规律等共同作用于市场的结果。

市场机制运转循环的原动力只能是市场活动参与者的经济利益。市场是商品交换的关系总和，商品供求的背面是经济关系。微观主体的市场行为，在价格、供求、竞争的制约下而变化，根源来自这种机制组合的原动力——市场经济人的利益。市场机制，根本上是由社会关系决定的，参与市场经济活动的生产者、经营者、消费者正是在商品经济的一系列客观规律作用所体现的原则或功能的制约和牵动下，通过供求、价格、竞争的变化，在经济利益的诱导下，自动采取不同的市场经济行为，或者进行自我扩张，增大生产或经营规模，或者进行自我收缩，即减少生产或经营规模，有的还会自行中断其市场经济行为。总之，在经济利益的推动和诱导下，市场机制强制性制约着市场活动的参与者及时地调整自己的经济行为，自动实现微观活动的自我平衡。

市场机制是一种开放型的、受多因素影响和制约的社会经济机制。市场机制绝不是一个纯自然的封闭机制，而是一种开放的社会经济机制。这是因为，市场本质就是开放的，它作为社会分工发展和商品生产及商品交换扩大的必然产物，集中反映了社会经济活动中各种复杂的经济关系。市场价格、供求、竞争三大要素的组合及运动变化，都会受到各种直接因素和间接因素以及社会因素和自然因素的制约和影响，外在的某种因素的变化也会引起市场机制要素的关联和耦合。

因此，切不可孤立地看待市场机制的运动。

二、影响资源配置的市场经济运行规律

市场，其基本特征就是交换，而商品是交换行为的最基本客体，而市场是与它的客体同时产生的，市场从其最初意义上讲就是商品市场。而商品所有者是市场的原生主体，它表现为不同的角色：生产者和消费者。因此，商品的规律反映到市场经济中，形成了市场经济的内在机制，这些机制（如价格机制、供求机制、竞争机制、决策机制、风险机制等）表现为市场经济发展的如下几个一般规律：

（一）价值规律

价值规律不仅仅是商品经济的基本规律，在市场经济条件下，价值规律依然发挥其作用。其基本内容仍然是商品的价值量决定于生产该产品的社会必要劳动时间，各种商品均以各自的价值量为基础进行等价交换，价值规律是其他规律的前提。价值规律的作用主要体现在调节、刺激、分配、信息等方面。

第一，价值规律具有调节社会总劳动在生产和流通各部门之间按比例分配的作用。价值规律对社会生产的调解，是通过市场价格的上下波动实现的。一个产品在生产过程中，它的劳动消耗必须符合或低于社会必要劳动消耗，才能获得收益。市场价格与价值的相对高低，反映了商品的供求关系。价值规律正是通过这种手段起着调节社会劳动的作用。而作为一种市场经济，该基本经济规律的要求是通过价值规律的作用而实现的。价值规律作为一种强制力要求每一个生产者都重视市场的需求，只有适应市场的需求，才能谈得上生产满足社会的需要。

第二，价值规律刺激生产企业不断改进技术，提高劳动生产率，改善经营管理，从而促进社会生产力的发展。价值规律的这个作用是通过竞争和个别劳动时间与社会必要劳动时间的矛盾运动实现的。个别劳动时间低于社会必要劳动时间越多，商品生产者越有利可图，在竞争中越处于有利地位。为了降低个别劳动时间，生产者就应不断地改进生产技术和经营管理，而这一过程也是整个社会生产力不断提高的过程。因此，价值规律其内在的要求推动着生产力的发展。

第三，价值规律还具有指导消费更好地满足需要的作用。价值规律通过提供

商品价格制定的客观基础,可以用于指导消费者消费。为了吸引消费者对某种商品的消费,生产企业可以制定一个较低的价格。相反,如果为了限制某种商品的消费,也可以通过高价格实现。这种对消费的指导作用,不仅是为了更好满足社会消费需要,反过来还可以有助于实现社会主义的生产计划。

(二) 竞争规律

竞争,从实质上说是商品生产中劳动消耗的比较。竞争规律是指商品经济中各个不同的利益主体,为了获得最佳的经济效益,互相争取有利的投资场所和销售条件的客观必然性,它和价值规律一样,都是商品经济固有的规律。它具有如下作用:

第一,实现产品的价值与市场价格。商品的价值是在竞争即市场上商品生产者的劳动消耗比较中实现的,只有通过竞争,才能在现实中了解决定商品价值的社会必要劳动时间是多少,一个新的产品的价值也是在市场竞争中形成的。它还促使平均利润和生产价格的形成,促使资源的流动和配置方面的效率更加提高。

第二,通过竞争,促使各种商品生产实现优胜劣汰,不仅能够促进资源的最佳配置,而且实现了市场的新陈代谢。自然淘汰的法则在市场竞争中起着同样的作用。通过优胜劣汰,产业结构得到最迅速、最有效、最彻底的调整,促进社会经济更加迅速地、合理地发展。

第三,竞争能够推动社会技术进步,推动企业创新。企业的创新是社会发展的根本动力,而其中技术创新又是根本的,谁的技术先进,谁就能在竞争中处于领先地位,立于不败之地。

(三) 供求规律

供求变动引起价格变动,反之亦然,这种商品供求变化与价格变动相互作用,供给与需求相互适应,形成均衡价格的规律性,这就是市场的供求规律。供求规律有以下几个作用:

第一,促使价格围绕价值上下波动,为市场提供不断变动的价格信号。

第二,直接决定市场总量与结构状况,推动市场在均衡和非均衡的状态中得到发展。

三、市场机制和计划机制两种机制下资源配置情况的比较

马克思主义经典作家的理论分析和马斯洛的需求层次理论，以及人类长期的生活实践，证明人类一切活动的起点都是物质生产资料和生活资料的生产、交换、分配、消费。即人们首先必须满足衣食住行的基本需求，然后才能从事艺术、哲学、科学等精神层次的活动。然而，要满足人类这一基本物质需求必须以消耗资源为代价，但资源总是有限的，要对稀缺资源进行合理有效配置，就必须采用某种方式即经济体制。

(一) 计划经济体制的缺陷

计划体制的缺陷主要表现为计划经济不能完全符合并反映客观经济规律。

计划经济从根本上说是国家、政府管理经济，即由国家、政府配置资源，这种国家、政府配置资源的方式不能完全符合并反映客观经济规律。究其原因，是因政府配置资源往往是通过政府官员即个人进行的主观行为，官员个人的思想状况如何，道德状况如何，理念如何，对经济运行状况的认知程度和素养如何等，直接决定和影响着这种干预或管理或配置水平的高低及质量的优劣。只要政府官员有任何的不良思想、不良行为、不良动机，都有可能把有限资源配置到本来不应当配置的地方去，并且在资源配置过程中，为权力寻租提供了丰富的条件和土壤，这样，"帕累托最优"最终将无法实现。即使政府或者主导官员在资源配置中的动机公正，但要实现资源配置的有效性和高效率，也必须首先要获取大量的、有用的经济信息，否则，资源配置活动就是盲目的、主观随意的。例如，在计划经济时期，经济建设实践中经常出现所谓的"拍胸脯决策""拍脑门决策"现象，结果付出了昂贵的代价，付出了昂贵的"学费"，给经济建设造成了巨大的损失。更有甚者，为了牟取个人私利，进行权力寻租，一些手中握有经济审批权和管理权的政府官员还会把有限的公共资源配置到本来不应该配置的领域和地方去，严重扭曲并损害了资源配置的公正性和有效性。实际上，在经济信息的收集、处理、分析、反馈过程中，政府所获取的信息不可能是完全的或不失真的，而且获取信息的成本高，这一过程要求必须全面、真实、准确、及时、科学，万一某一环节上出现疏漏或失误，就会影响到经济决策的正确性和科学性。

要使政府管理经济、配置资源具有科学性和合理性，必须建立在较高的生产社会化程度的基础之上，而生产社会化的前提是机器大工业的出现和发展。机器大工业"把有限的生产资料从个人的生产资料变为社会化的，即只能由大批人共同使用的生产资料"，把生产本身"从一系列的个人行动变成了一系列的社会行动"，把产品"从个人的产品变成了社会产品"。但我们现在的生产力状况是水平低、多层次性、发展不平衡，生产的社会化程度不高，这使得现阶段在全社会范围内有计划地组织生产缺乏客观的经济条件。因为社会生产范围如此广大，生产经营状况和种类如此庞杂，如何进行统计，如何收集完整而准确的信息，如何进行科学研判，都对有计划组织和调节生产提出了巨大挑战。

在计划经济体制下，强力的国家（政府）干预必然与权力的高度集中相伴随，一切听从、服从上面的宏观指挥、要求、规定，微观经济可能会失去活力，这就是人们常说的"计划失灵"和"政府失灵"。

（二）计划机制的优势

计划机制在中国实行了很长时间，必然有其较为强大的优越性。

（1）计划机制中的人才集中优势。政府机关集中了全国各级的优秀专业人才和统计人才，无论是在相关的市场领域，还是统计领域，都有方法和能力对市场信息的真伪做出更加准确的判断。

（2）计划机制中的信息获得优势。政府不仅有优秀的专业人才，而且有专门的统计机构，可以调动中央集权的力量，进行全国联网，对整体信息、外地信息有着更大的分析、获得和把握能力。

（3）计划机制下强大的市场预期判断能力。鉴于计划机制中相关机构对长短期信息，对整体性和局部性信息把握的精确度，从而能够用科学的方法，对市场的预测起到一个相对科学和准确的预示作用。

（4）计划机制的资源统一调配协调功能。政府可以很好地发挥出公关、协调组织能力，调动和支配一定的资源，为市场主体提供协调组织服务，纠正市场机制的缺陷，补充市场机制的不足。

（三）与计划体制相比，市场机制有以下几个优点

典型的市场经济体制的优点在于各个生产者和生产企业都追求利益最大化，

通过竞争机制实现优胜劣汰，通过投入最小成本获取最大收益，从而使资源配置更加优化。

（1）市场机制的反应更加快捷。市场体制下的市场主体，其从事经济活动的目的是追求利润的最大化，所以市场机制的近乎无穷多的市场主体随时都在关注着市场信息，因此市场的微妙变化容易被市场主体捕捉到，反应比计划机制更为敏捷和快速。

（2）市场机制中市场决策具多样化特色。每一个市场主体根据自己获得的信息进行有利于自己利润最大化的判断，采取不同的策略，导致了市场决策的多元化特点。

（四）市场机制缺陷

与计划体制相比，市场机制也并不是完美无缺，存在以下几个缺点：

（1）市场信息的透明性和对称性难以确定。一方面，由于市场主体都是从自己的角度，靠自己对市场现状的观察进行信息统计和分析；另一方面，由于信息不够透明、不够公开，导致市场主体不能全局性掌控市场信息。

（2）市场信息有全局性和区域性的差异。市场主体受地域、对象和所在业务领域等的限制，对自己所从事领域的市场信息，掌握的信息极可能是局限的、局部的。

（3）市场信息有预期和短期的差异。市场主体本身的局限性，很可能会导致在时效方面，对短期性信息获得比较多些，而对长期性信息的分析和获得，却是不全面和不够科学的。

（4）市场选择策略的多元性有可能导致市场的无序性。地域性差异、市场主体对决策的判断力差异等都可能导致市场的无序性。比如说，在南方的生产可能过剩，供过于求，而在北方的生产可能就是不足的，供不应求。或者南、北方都有可能发生供过于求或者供不应求的状况。混乱必然会导致失谐，导致效率的损失。

由上分析可知，市场机制和计划机制对经济发展的效果各有千秋，如果说过去我们没有对市场引起足够的重视导致了经济的相对僵化和单一化的话，那么现在我们因为对政府效能（计划效能）重视不足，导致了经济的短期行为，局部行为和无序化的不断蔓延。因此，在市场决定资源配置的大前提下，在中国进入新时代的新时期，如何将市场机制和计划机制有效地融合起来，更好地发挥市场决定资源配置的作用，中国特色社会主义"资源配置市场决定论"显得尤为重要。所谓中国特色社会主义"资源配置市场决定论"，即使市场在资源配置中起决定性作用，同时更好地发挥政府的作用。之所以称之为中国特色社会主义"资源配置市场决定论"，是由于这一论断根本区别于西方的资源配置市场决定理论。中国特色社会主义"资源配置市场决定论"是对社会主义市场经济理论与中国特色社会主义经济理论的重大创新与发展，也是马克思主义经济学中国化的重要成果。它为我国经济体制改革、社会主义市场经济发展以及中国特色社会主义经济建设指明了方向。深刻理解、全面把握这一科学论断，意义深远而重大。

第三章　资源配置所要解决的效率问题

多年以来，经济学中研究的生产效用指的是投入产出比。投入不变，产出增加，生产效率就提高；假定产出不变，投入减少了，也是生产效率提高了。因此，生产效率是非常重要的。进入20世纪30年代以后出现了第二种效率，叫资源配置效率。资源配置效率的前提是假定投入是既定的，把配置方式调整一下效率会更高，如用甲方式配置产生 A 效应，用乙方式配置却能产生 A+N 的效应。这个理念出来以后，产生了两种效率并存的状况。生产效率侧重微观领域内的企业管理、生产部门管理。资源配置效率更侧重宏观方面，在宏观方面使资源配置效率提高，再加上前面所述目前我国经济发展遇到的瓶颈，因此我国开始重视资源配置效率的提高。

按照《决定》的精神，市场的决定作用，是对资源配置而言的，也就是说，只有在资源配置方面，市场才能够而且应该起决定作用。就资源配置本身而言，包含两个层次，一个层次是在宏观领域的资源配置，这就是我们常说的宏观调控的内容，包括总需求与总供给的平衡、主要经济部门的比例关系的平衡、产业结构的合理调整等；另一个层次是在微观领域的资源配置，即作为经济运行主体的企业如何运用各种资源进行生产经营活动。第一个层次是针对政府对资源配置的干预而言，第二个层次是针对企业在资源配置作用中的流动使用资源而言。不管是哪个层次，市场对其资源配置的决定性作用都是毋庸置疑的。

无论是市场决定资源配置，还是其他决定资源配置的方式，首先，我们必须清楚资源配置方式的不同，其带来的效率也各不相同。

市场在资源配置中起决定性作用是指市场在所有社会生产领域的资源配置中

处于主导地位，对于生产、流通、消费等各环节的商品价格拥有直接决定权，而市场资源主要包括资本、土地、劳动力、资源、货币、技术等。当前，无论是地球自然资源还是社会资源，可供人类开发和使用的资源越来越少，资源的高效合理配置成为经济发展的重要瓶颈，只有提高资源尤其是稀缺资源的配置效率，才能高效发展经济，并带动人类社会其他领域的可持续发展。

第一节　市场决定资源配置的运行机制和效率

一、市场决定资源配置的运行机制

市场是通过市场机制来实现资源配置的。市场机制中的利益机制、供求—价格机制和竞争机制的共同作用构成了市场决定资源配置的运行机制。

前面对市场机制的运行有过论述。亚当·斯密在《国富论》中曾说过，"经济人及其利己心"是市场经济的"无形之手"发挥"魔力"的前提。因此，利益机制是市场配置资源的基础和前提。其作用机理在于，各个微观主体为了追求自身经济利益的最大化，会自动根据市场中的价格信号做出相应的决策，继而通过这种分散决策，实现资源在不同行业和产品间的配置。

供求—价格机制是市场配置资源的原动力。其作用原理是供求关系决定价格水平，而价格水平的波动反过来又会引起供求关系的变化，通过供求关系和价格水平之间的相互作用彼此联动，推动资源在不同行业和产品间的自由流动与均衡配置。

马克思在《资本论》中曾指出："市场不承认任何别的权威，只承认竞争的权威。"因此，竞争机制是市场配置资源的背景基础。其作用原理是通过市场竞争、优胜劣汰，达成对市场主体的激励和约束，使市场主体的决策行为顺其自然地服从于价格信息，适应于市场需求，从而为市场配置资源提供了必需条件。

二、市场决定资源配置的高效性

在市场经济环境中，市场机制发挥着资源配置功能，是市场经济最优配置社会资源的根本条件。市场决定资源配置的突出优点如下：

（一）有利于提高资源的配置效率

马克思主义经济学和西方经济学都认为，市场能够实现对资源的有效配置。西方经济学中的福利经济学第一定律认为，市场机制能够实现具有帕累托效率的资源配置，即市场配置资源能够实现社会福利的最大化。

西方社会经济发展史和我国改革开放的实践成果都印证了市场配置资源的有效性。从西方社会经济发展史看，西方国家从封建社会进入资本主义社会后，资源配置方式发生了根本性的改变，市场配置替代了此前的自然配置方式，资源利用效率得到显著提升，从而有力地推动了社会生产力的发展，因此，马克思恩格斯在《共产党宣言》中曾这样感慨道："资产阶级在它的不到一百年的阶级统治中所创造的生产力，比过去一切世代创造的全部生产力还要多，还要大……过去哪一个世纪料想到在社会劳动里蕴藏有这样的生产力呢？"改革开放以来，我国经济发展取得了巨大的成就，1978~2013 年的 35 年间，我国年均经济增长速度高达 9.8%，比改革开放前几乎快了 1 倍，由一个落后的农业大国迅速发展成为世界第二大经济体、世界第一制造业大国和第一贸易大国。2013 年后经济增长速度放慢，但 2017 年的 GDP 增速也达到了 6.9%。当前我国社会的主要矛盾也由原来的人民日益增长的物质文化需要同落后的社会生产力之间的矛盾，转化为新时代中国特色社会主义的人民日益增长的美好生活需要和不平衡不充分的发展之间的矛盾。我国社会生产力的快速发展与社会财富的巨幅增长，生动形象地表明，改革开放后市场配置资源的效率远高于改革开放前的计划配置。

一方面，市场对资源配置具有选择功能，即市场通过利益机制、供求—价格机制和竞争机制的共同作用，能够自动正确选择资源的配置方向，将稀缺的资源配置到具有社会需求的领域中，使供给与需求在数量与结构上逐步趋于一致，进而最大限度地满足人们的物质需要。

另一方面，市场对资源配置具有激励功能，即市场当中优胜劣汰的竞争机制会促使企业为了取得竞争优势而努力降低成本，不断地进行技术创新和管理创新，从而有效地提高这些市场主体的资源利用率。同时，那些资源利用率比较低、成本比较高、竞争力比较差的企业会被逐步淘汰出局，在客观上形成资源向同一行业中利用率高的企业集中，由此也促进了全社会资源配置效率的提升。

（二）促进我国经济发展方式的根本性转变，推动我国经济转型升级

当前我国经济增长速度虽然很快，但经济结构不合理、发展不可持续等问题一直困扰着我国经济的发展，不少行业产能过剩，效益下降，主要是经济结构不合理造成的，对此，必须下大力气进行"三去一降一补"，对经济结构进行根本性调整。目前，我国经济结构不合理，要实现两个根本性转变——经济体制由计划经济体制向市场经济体制的根本性转变，经济发展方式由粗放型向集约型的根本性转变，面临诸多挑战。尤其是粗放型经济发展方式的转变迟缓，经济结构性调整还任重道远。事实上，一些地方、一些领域的经济结构是历史形成的，而这样或那样的经济结构的形成与国家宏观经济发展战略，与该地区资源状况和类型、地理位置、技术力量、人口素质、地方特点、历史背景等有很大关系。例如，东北老工业基地的形成就与国家宏观经济发展战略及历史背景有直接关系。要对其进行根本性调整，不是一朝一夕的事情。其根本原因在于体制机制中存在许多妨碍市场主体创业创新创造积极性的障碍。如果使市场在资源配置中发挥决定性作用，经济发展方式的转变就有了体制机制基础，经营主体的创造积极性就会大大增强。

（三）为市场主体创造公平竞争的环境

社会经济活力来源于微观生产主体即劳动者和生产企业的积极性、创造性。要使整个市场经济更具活力，必须要使得市场经济产权明晰、利益直接。市场主体充分发挥积极作用的前提条件是平等的市场准入和产权保护，公平的竞争条件和营商环境。虽然从党的十五大开始，对民营经济的性质、地位、作用和影响就已经有了明确的定位，提出了"两个毫不动摇"，即毫不动摇地巩固和发展公有制经济，毫不动摇地鼓励、支持、引导非公有制经济发展。但在具体经济实践中，仍然存在着束缚市场主体创业、创新活力的体制机制障碍，如民营经济在融资、投资、平等的市场准入和产权保护等方面仍然面临着不少歧视性待遇。消除

这些体制机制障碍，关键是要政府在经济领域有所"不为"，让市场充分发挥主角作用，依据市场规则、市场价格、市场竞争进行资源配置。

（四）促进不同的组织明确各自在社会主义市场经济中的定位

如果政府、企业、社会组织和老百姓都明确了政府和市场在市场经济活动中各自的定位，将有利于加快转变服务型政府，有利于推动企业转变发展方式，有利于推进社会公平等。

"市场在资源配置中起决定性作用"将会使市场与政府、企业之间的关系更加科学合理。

1. "决定性作用"使市场和政府关系更加科学

"市场在资源配置中起决定性作用"可以使市场和政府能够准确地找到自己的定位，互相做到"不越位，不缺位，不错位"，使市场和政府的关系更加合理化。凡是市场调节不到或者不当的地方就需要政府的行为来弥补，是自己管辖范围内的事务，应坚决"不缺位"。同时，政府应做到不是自己管辖范围内的事务，坚决"不越位"。

（1）"市场在资源配置中起决定性作用"能够推动政府职能的根本性转变，建设高效廉洁的服务型政府。从党的十四大确立社会主义市场经济体制的改革方向，提出要"使市场在资源配置中起基础性作用"以后，党对市场的地位、作用的认识就在逐步深化，但这种"基础性作用"必须是在"国家宏观调控下"所起的作用。在实际经济运行中，政府计划经济作用的影响仍然存在，"基础性作用"毕竟不是"决定性作用"，而"决定性作用"则要求政府职能必须从统治型、管制型、审批型向服务型转变。

（2）"市场在资源配置中起决定性作用"强化了政府职能中的服务型功能。市场经济具有一定的自发性、盲目性，也会有其失效的方面，比如说，市场机制具有追求本位利益最大化而忽视甚至丢掉社会利益，有时甚至以牺牲社会利益为代价而换取本位利益的本质趋向。因此，政府必须加强市场监管，解决市场外部性问题，及时履行社会公益和社会公平的服务职能。比如，社会主义市场经济条件下必然会出现个人收入分配方面悬殊的状况，即基尼系数的增大，政府应及时采取措施，通过税收、社会保障、转移支付等手段再次分配进行合理调节，以维护社会公平,保持社会稳定。

2."市场在资源配置中起决定性作用"使市场与企业的关系更加科学

"市场在配置中起决定性作用"对于中小企业的正面影响尤为明显,能够减少审批和行政干预经济,意味着政府要简政放权,加快简政放权,规范政府权力和责任边界,从而最大范围、最大程度地消除政府单位审批难审批慢的问题,这对于中小微企业降低生产经营成本作用明显。

(五)有利于抑制腐败现象

我国腐败现象之所以如此严重是因为我国政府权力过大,权力过于集中,而监督体系不完善,导致一些领导干部抵挡不住金钱的诱惑,利用职权去进行非法交易。

首先,"市场决定资源配置"减少了腐败的机会。"市场在资源配置中起决定性作用",减少了政府审批项目、征地卖地、招商引资等方面的事务,削弱了政府对于市场资源配置的过多干预,大大减少了官员与商人权钱交易的腐败土壤。由于市场配置资源极大地限制了行政权力在经济领域的滥用,大大压缩了官员利用手中的经济权力设租寻租的空间,因而在很大程度上减少了腐败滋生的机会。

其次,"市场决定资源配置"增加了腐败的成本,使得有资源配置权力的官员不想腐、不愿腐、不敢腐。

腐败的成本可以用下列公式表示:腐败成本=被发现的概率×被处理带来的损失。被发现的概率以及被处理带来的损失越高,腐败成本越高;反之,腐败成本则越低。一方面,官员腐败被发现的概率大大提高了,由于"市场决定资源配置"使行政审批事项大量减少;另一方面,老百姓利用发达的网络,可以多渠道对政府官员进行更多有效的监督,对经济运行当中行政权力的滥施,其腐败行为被发现的概率大大提升,腐败的成本显著增加,被处理带来的损失也会很惨重。随着十八大的召开,反腐力度加强,"苍蝇老虎一起打","把权力关在制度的牢笼里",真抓实干,掌握证据,严厉惩罚,实时通报,不管对于高官还是县官,都极具震慑力。

第二节　实现市场决定资源配置的条件和要求

要尊重市场配置资源权威性，真正使市场在资源配置中起决定性作用，需要满足如下条件和要求：

一、独立自主活力的市场主体

"市场决定资源配置"对市场主体的要求如下：

首先，需要合格的市场主体，这是市场经济的微观基础，也是市场在资源配置中起决定性作用的载体。

其次，要保证市场主体自主决策。企业的生产经营活动是由市场机制调节企业的生产和销售活动，企业生产和销售什么，生产多少，销售到哪里，必须遵从反映市场供求关系的价格信号，市场主体按照经济利益最大化的原则和市场价格信号，自主做出生产决策和消费决策是市场配置资源的基础及前提。因此，必须给予生产者和消费者充分的决策自由，除少数不适宜市场调节的领域外，应取消一切行政审批，同时逐渐减少直至停止政府对国有企业经营决策的过分干预。

再次，要强化对市场主体的培养。我们通常所说的市场主体是指企业与家庭以及个人。中国市场经济的发展关键取决于我们对市场主体的培养。只有以市场主体为本位，一切为了市场主体，一切依靠市场主体，"市场决定资源配置"才有可能和保障。因此，我们要不断增强企业的经营活力和创新能力，不断提高个人的生产积极性、消费能力和创新能力，促进"市场决定资源配置"的顺利进行和实施。

最后，保证市场主体的行为受法律约束和保护。这就要求构建相应完善的法治体系。党的十八届四中全会通过的《中共中央关于全面推进依法治国若干重大问题的决定》指出："社会主义市场经济本质上是法治经济。"实现市场在资源配置中的决定性作用最为重要的一个前提条件是市场主体的行为受法律约束和保护,这是使市场在资源配置中起决定性作用的制度条件。

二、相对完全竞争的市场体系

"市场决定资源配置"对市场体系的要求如下:

首先,需要构建完备的现代市场体系。市场调节作用的发挥是有一定物质载体的,即完备的市场体系,这也是市场发挥决定作用的必要的实体条件。要发挥市场在资源配置中的决定性作用,必须要有一个统一、开放、竞争、有序的市场体系,这不仅是市场机制功能充分发挥的基础,也是实现市场配置资源的平台和保证。因此,建立完备的市场体系是必须又迫在眉睫的事情,而建立完备的市场体系需要政府、社会组织以及个人的共同努力。

其次,"市场决定资源配置"要求市场必须是充分竞争的,这是市场在资源配置中起决定性作用的基础条件。

三、完善的市场机制

在市场经济条件下,资源配置即市场主体获取各自所需要的商品、生产要素及各类信息的途径是市场,这就需要一个完善的市场机制能够无障碍地发挥积极调节作用。

市场机制主要包括价格机制、竞争机制和供求机制。商品的价格是在价值基础上由竞争机制和供求机制决定的,要保证价格在市场中自动形成。价格是市场配置资源的指示器,市场主体均根据价格信号,做出生产决策,选择资源配置的方向。而价格唯有在竞争性的市场上自动形成,才能准确反映供求关系,才能有效发挥市场机制的作用,实现资源的合理配置。因此,尊重市场在资源配置中的"权威性",必须杜绝政府对价格的不当干预,除重要公用事业、公益性服务、网络型自然垄断环节外,均由市场定价。

同时,要保证生产要素自由流动。市场决定资源配置不是一蹴而就的,它是一个反复试错、动态调整的过程。在这个过程中,生产要素在利益机制、供求—价格机制和竞争机制的共同作用下,不断地在不同的行业和产品间流动,最终逐步达到均衡状态,实现资源的合理配置。因此,尊重市场在资源配置中的"权威性"，必须保证生产要素自由流动，包括：政府不得随意分割要素市场，不能任意设置市场进入障碍等。

四、完备的可验证的社会信用体系

市场经济是一种信用经济，它需要一套完备的、可验证的社会信用和社会诚信体系，否则市场必然会陷入混乱。经营者和销售者在法定范围内自由经营和流通产品，消费者应有权利对产品商品进行自由选择、自主消费，有权决定自己的需求选择，改变消费者没有选择权和决定权的状况。

第三节 市场决定资源配置的失效分析

前文分析了"市场决定资源配置"的优势和高效性，但在现实经济生活中，很难满足完全竞争性市场所严格假设的种种条件。新古典经济学认为，市场机制有效配置资源需要以完全市场作为基础。完全市场的标准即阿罗－德布鲁模型的假设前提，包括三条内容：第一，各种商品都要进入市场；第二，各个市场都是完全竞争的；第三，市场主体都是理性地追求最大化。在现实经济生活中，上述条件往往无法得到充分满足，即市场是不完全的。

即使满足了这些条件，市场机制也能够实现帕累托效率，它也不能解决如下问题：收入和财富分配不公问题、自发竞争导致的经济波动等问题。

任何事物都不可能是只有绝对的正面和正确，总会是像硬币一样，有其两面性，在"市场决定资源配置"的高效性的反面，也客观存在着市场失效（失灵）这一面。产生局限性的原因主要源于两个方面：①非完全市场制约市场机制作用的有效发挥；②市场机制本身存在先天缺陷。现代市场经济理论已经揭示，"市场决定资源配置"的失效状况有如下表现：

一、公共性失灵

公共产品具有联合的、共同的、公用的消费性质,其产权无法清晰地界定,特定的个人和他人能够同时消费("消费的非排他性"),新增消费者不会减少既有的公共产品的数量和效用,也不会增加公共产品的消费成本("消费的非对抗性"),并且不能把拒绝为公共产品付费的人排除在消费范围之外("消费的非拒绝性"),公共物品和公共服务(如基础设施、军队、警察等),均具有消费的非竞争性和非排他性,从而使得市场无力迫使消费这类产品的企业和个人为之付费,"搭便车"现象十分盛行,这就难以形成市场价格,应通过市场机制引导必要数量和质量的社会资源配置于公共产品的供应上(如国防、治安安全、防洪排涝设施等)。加之提供公共产品和公共服务需要大量投资,导致其盈利性极差,市场中的企业和个人没有积极性提供这类产品,故而通过市场机制的作用无法保证公共物品和公共服务的充分供给。

二、外部性失灵

外部性失灵包括外部经济和外部不经济(正的和负的外部效应),即某个经济主体生产和消费物品或服务的行为,不以市场为媒介而对其他经济体产生的附加效应。由于"不以市场为媒介",具有外部性的产品的市场价格是不完全的市场价格,是扭曲的市场价格,人们从事具有外部性的活动,是不通过市场价格信号实现社会资源的有效配置的,这就产生了市场失效状态。

外在性的存在与公共品的属性是市场机制难以处理的问题,也是市场机制的局限。市场机制在外在性与公共品的领域表现出无能为力。如,作为"经济人"的市场主体,为了追求自身经济利益的最大化,往往会"损人利己",其经济行为会对他人或环境产生不良影响,形成负的外部性,如制造噪音、随意排污等。这种负的外部性难以通过市场机制的自发调节得到纠正与消除。

经济学在外在性的贡献与公共品领域的贡献有相当的差别。新古典经济学认为,在私有制条件下,完全竞争的市场机制在一定条件下(信息完全且对称、规模报酬不变、分散决策等)能保证资源配置的最优化,交易瞬间完成,交易费用为零。在一般性领域，由于市场机制能有效地长期发挥作用于自发的交易过程中，交易的一些规则与体制实质上已经自发地演化出来，而不是人为设计出来的。经济学的贡献只在于对这些规则的产生与功能给予科学的说明，进而揭示人们行为的一般规律。然而在外在性与公共品领域，由于市场机制在此碰了壁，一般来说，人类的交易活动并不能自发地演进出有效的规则以处理这些问题（只有科斯定理除外，科斯定理是对人类自发地或以"私了"方式处理外在性问题的经验的一个理论总结）。因此，在这一领域，经济学的主要任务不是理论总结和说明，而是理论设计，原因是人类自发的以满足个人利益或局部利益为目标的交易活动没有演进出这类规则，这些规则与体制有待于设计。

于是科斯提出了这样的问题：既然自由价格机制已经被公认为最有效率的协调和指导配置资源的工具，为什么还有企业的存在呢？这说明进入市场是要付出代价的，因此，用企业代替价格机制可以减少交易费用，这就是交易费用的提出。所谓外部性是指某个人的效用函数的自变量中包含了别人的行为。外部性包括外在费用和外在收益，即从事一项经济活动的私人成本与社会成本或私人收益与社会收益不一致。外部负效应指私人成本低于社会成本，这将导致资源存量的浪费；外部正效应指私人收益低于社会效益，这将导致从事该项经济活动的激励失灵。这就是"科斯定理"。科斯定理之所以重要，在于科斯定理阐明了什么条件下可以促使社会资源达到最优配置。

三、垄断性失灵

由于资源的稀缺性和规模经济性的作用，在市场运行过程中，自由竞争和行政干预常常会导致垄断，即市场由一个或数个卖者垄断。这是一种由规模报酬递增的特点所决定的天然垄断，这种天然垄断会自然而然地排斥充分竞争，破坏符合帕累托效率的资源配置。

在获得垄断的"特权"之后，垄断行业和企业会通过制定垄断价格获取超额垄断利润。由于缺乏竞争压力，这些行业与企业缺乏提高技术水平和管理水平的积极性，所提供的产品和服务难以令社会满意，导致资源配置的效率损失。

四、信息性失灵

市场中,"信息不对称"的情况普遍存在,信息不对称的弊端会导致市场主体逆向选择、道德风险、免费搭车等机会主义行为,以及市场劣币驱除良币的现象,影响资源的配置效率。如市场经济行为主体的独立性和分散性,使之不能在任何时候、任何情况下都获得充分和全面的信息,这将导致市场活动的盲目性。常见的现象是:交易主体的一方(往往是卖方)掌握更多的信息,从而使交易的另一方陷入到不确定的环境中。尤其是在最终消费品市场上,消费者对商品不具有充分知识时,往往不能实现效用最大化。

五、公平性失灵

市场配置资源遵循的是效率原则,资源总是由效率低的地方向效率高的地方流动,资源在不同地区、不同企业、不同行业间的配置与分布,是市场竞争的结果。虽然在完全市场条件下,竞争的过程是公平的,但竞争的起点并不公平,因为各个地区和企业先天禀赋条件差别很大。同时,在市场配置资源的条件下,人们的收入源于他们所提供的生产要素的报酬,而人们在身体状况、智力水平、家庭背景等先天条件方面存在明显差别,由此导致其所拥有的生产要素的数量、品种差异显著,进而形成收入水平的差距。地区、行业、企业和个人间的收入差距在市场机制的作用下会不断加大,产生马太效应,引发社会矛盾,如初次分配的不公平,需要进行再次分配来解决这个问题。

六、宏观性失灵

市场配置资源,直接作用对象是微观经济主体,主要解决的是微观经济效益问题,对于宏观经济的均衡难以实现有效调节。新凯恩斯主义认为,由于存在工资黏性和价格黏性,市场无法自动出清,单纯依靠市场机制的调节难以实现社会总需求和总供给的平衡,很可能会出现经济波动,产生失业、通货膨胀等宏观经济问题。

第四节 纠正市场决定资源配置失效的无形的手——政府

市场经济就是风险经济,从道德伦理规范的角度看,就算"市场决定资源配置"的市场机制能够实现资源上的帕累托效率,但仅靠市场机制调节也有可能出现诸如收入分配不公、经济波动和宏观经济总量失衡及与此相关的失业和通货膨胀等社会经济问题,这需要政府充分发挥政府职能这只无形的手来纠正市场决定资源配置的失效。

市场经济中客观存在的市场失效,引出了政府干预经济社会生活的"理由",这要求政府及其公共财政的介入,政府必须承担起应尽的职责。

一、源于资源配置的政府职能界定

在当今世界上,政府的职能可以概括为三项:政治职能、社会职能和经济职能。这三项职能之间具有密不可分的系统性联系。

(一) 政府的政治职能是最基本的职能

它在一定意义上体现了政府存在的必要性,主要表现在维护国家主权、领土完整、国防和公共安全。政府的政治职能往往在战争、内乱等特殊情况下才充分发挥作用。在和平时期,主要是实行政治统治,保障社会安定和维护公共安全。目前,人们对政治职能的认识并没有太多的分歧。

(二) 政府的社会职能是公共责任职能

社会职能要复杂一些。因为此项职能是随着社会的不断发展而随之不断扩大的。同时,因为各国实行的政治制度和国情不同,使社会职能的内容有一定的差别。按照马克思主义的观点,政府的社会职能是指"由于国家的一般的共同需要而必须执行的职能",它一般包括属于政府管辖的社会公共事务(如公共教育、消防、交通管制、医疗、社会保障、贫困救济、自然资源和环境保护等)。在这些基本方面，中外学者也能达成相近的共识。

（三）政府的经济职能是细化分化出来的政府社会职能

它最早是包括在政府的社会职能之中的。从历史发展的进程看，随着资本主义经济的发展，各国政府将更多的社会职能用来干预经济事务，从而经济职能明显扩大，政府的经济职能便逐渐从社会职能中分化出来而成为独立职能。第二次世界大战后，政府已从传统观念上的政府演变成为现代政府，后者的重要特征之一是政府职能有了很大的变化和强化，特别是经济职能的不断强化，管理性和服务性职能也得以大大加强。但政府的经济职能应强化到何种程度，近二三十年来在西方主要发达国家却引起了颇多争议。此外，由于不同国家的经济制度的性质不同，也导致对政府经济职能的较多争议。但是，对所有选择了市场经济模式，让市场决定资源配置的国家，在政府经济职能的基本方面却又有着较大的一致性，并可将之概括为市场经济中的政府经济职能。

（四）三项政府职能是一个密不可分的系统

政府职能的划分，并不意味着三个政府职能是截然分开的，它们是相互融合的。一项职能中可以包括其他职能的某些内容，也贯彻了其他职能的目的。如社会保障、贫困救济虽属于社会职能的范围，但从收入分配公平化角度看，体现的是经济职能的要求，从社会安定的角度看，又体现了政治职能要求。同样，提供公共产品、弥补市场失灵等，既是经济职能的表现，又反映了政治、社会职能的要求。

二、市场经济框架下政府纠正市场配置资源失灵的职能

社会主义市场经济建设的实践证明，市场配置资源是市场经济发展最有效率的形式，政府必须将资源配置的决定权交给市场。但是，由于市场配置资源存在上述种种失效现象，因此，实现资源的合理与优化配置不仅要发挥市场机制这只"看不见的手"的决定性作用，同时也要注意发挥政府这只"看得见的手"的调节作用，借以矫正与弥补市场失灵。

（一）《决定》对政府职能范畴的进一步确定

党的十八届三中全会在《决定》中明确指出，政府具有五个方面的职责和作

用：第一，保持宏观经济稳定；第二，加强和优化公共服务；第三，保障公平竞争，加强市场监管，维护市场秩序；第四，推动可持续发展；第五，促进共同富裕。以期通过政府对市场科学、合理、有限、有效的调节干预，来克服市场配置资源的局限性，使市场配置资源的有效性得到保障。

（二）从西方两种政府对市场配置资源的干预模式来看中国特色社会主义"市场决定资源配置"

（1）西方经济学中的两大主要派别——经济自由主义和国家干预主义关于政府对市场配置资源的主张既有共性也有明显区别。

1）共性：它们都主张市场在资源配置中起决定性作用。

2）区别：西方经济自由主义持有"唯市场论"的观点，主张由市场调节支配经济活动的一切领域，排斥、反对政府对经济活动的任何干预与调控。

西方国家干预主义主张政府应进行宏观调控和干预，但调控的目的主要是解决市场出清和"宏观失灵"的问题，调控的侧重点主要限于社会总需求。

（2）中国政府对市场配置资源的干预模式。中国特色社会主义"资源配置市场决定论"科学划定了政府与市场两者的功能边界，明确了市场在资源配置中的主体地位和权威性作用，以及政府在资源配置过程中的辅助地位和保障职能，调控的侧重点是社会总供给，即供给侧的宏观调控。所以，既不同于西方经济自由主义主张的"政府绝对不干预市场经济活动论"，也不同于西方国家干预主义主张的"政府需求侧的宏观调控论"。

（3）可借鉴发达国家政府对市场配置资源的创新方式。政府偶尔干预经济的目的，是以强调维护市场自由竞争和自由贸易为基本前提的，国家对经济干预的最终目标是弥补市场机制功能的缺陷，恢复市场体系内在作用，而不是用行政手段强化市场机制的作用。政府介入后会对资源进行新一轮有效配置，此后市场失灵状况将会得到纠正，此时政府行为就该退出。

如2008年源于美国的次贷危机引发了美国通用汽车企业的崩溃，美国政府出手营救，援助资金来源于美国国会批准设立银行系统援助基金。对通用汽车累计投入资金约500亿美元，最高时政府曾持股约61%。美国政府此次在和平时期对私营部门的干预措施，是美国经济史上最为成功的一次，不仅避免了百年通用的倒闭,还挽救了大量就业。当通用汽车企业运行正常后,政府立即收手并且主动与企业撇清经济关系。因为政府持股令公司在财政上受到严密监管并带来政治压力,同时高层薪酬限制对公司的人才招聘造成不利影响。因此,政府的及时退出,对通用汽车的自主运行无疑是件好事。

(三) 政府纠正市场配置资源失灵的具体范畴

《决定》中提出,"凡是能由市场形成的价格都交给市场,政府不进行不当干预。推进水、石油、天然气、电力、交通、电信等领域价格改革,放开竞争性环节价格。政府定价范围主要限定在重要公用事业、公益性服务、网络型自然垄断环节,提高透明度,接受社会监督"。

政府纠正市场失灵的主要范畴有如下四个方面:

(1) 利用大数据和网络平台提供透明、公平、公正的信息分析和服务。

1) 为公共产品的信息生产和咨询提供服务,减少不同市场主体决策的盲目性,从而提高市场效率。

2) 通过大数据分析,产品导向行为进行引导,引导市场主体怎样生产、为谁生产和生产多少来调节影响主体生产行为,以达到引导市场主体合理生产的目的。

(2) 制定并且实施各类反垄断法律法规,规范市场配置资源的秩序。通过实施各种反垄断法规和措施对市场经济发展有害的各种形式的不正当竞争和垄断行为加以制止或取缔,以保护和促进市场竞争的有效开展。

(3) 解决市场决定资源配置导致的不平衡不充分的矛盾。坚持公平竞争的市场规则运行能够保证结果的效率,但不能保证结果的公平。"社会主义市场经济的运行既有效率目标又有公平目标,政府有责任促进社会公平正义克服这种市场失灵,以体现社会主义的要求。政府贯彻公平目标的作用主要不是进入资源配置领域,而是进入收入分配领域,依法规范企业初次分配行为,更多地通过再分配和主导社会保障解决公平问题"。在克服市场失灵方面,政府作用要尊重市场决定的方向,如结果不公平产生的区域性、行业性和个人间的贫富分化反映市场失灵。即使要协调,政府也是在不改变资源在市场决定下流向的前提下,利用自己掌握的财政资源和公共资源按公平原则进行转移支付或者进行重大基础设施建设等创造外部条件。

（4）政府掌握的公共创新资源投入到市场失灵领域。政府创新资源主要是用来弥补市场配置创新资源不到位或无效率的领域，即市场失灵的领域。

1）市场失灵的基础性技术研究创新领域。基础性技术研究的特点是周期长、不确定性大、失败几率高、目前实用性差，与之相对应的投入回报周期长，后期实用性还需开辟等。如果研究失败意味着前期投入打水漂。一般来说，作为市场主体，以追求利润最大化为目的，是个理性经济主体，对基础性技术研究缺乏积极性。

2）市场失灵的整个产业共性技术创新。共性技术是指在很多领域内已经或未来可能被广泛采用，其研发成果可共享并对一个产业或多个产业及企业产生深刻影响的一类技术。共性技术是那些提升到战略性层面的新兴产业发展升级的关键技术或核心技术，特点是难度大，人、财、物等要素投入大。这类共性技术具有经济学意义上的正外部性效益。

3）市场失灵的生态及社会公共安全等领域的技术创新。国防军事的技术创新及其成果有其使用的领域局限性，是很难完全由市场来决定的，除非部分成果也可用于社会生活类。而生态及社会公共安全领域的技术创新的主要价值是社会生态效益，经济效益难以平衡投入，所以也是市场失灵的领域，也应是政府配置创新资源的重点之一。

第四章　在资源配置中市场和政府的关系

计划配置就是由政府按照预定的计划,通过行政手段将社会资源分配到各个部门。计划配置与市场配置的区别如下:

(1)配置的主体不同。计划配置的主体是统一的国家计划机构,市场配置的主体是分散的各个企业。

(2)配置的机制不同。计划配置的机制是计划机制,市场配置的机制是市场机制。

(3)配置的信息传导方式不同。计划配置的信息是纵向地传导的,而市场配置的信息是通过市场横向地传导的。

(4)配置的动力来源不同。计划配置的动力来自企业外部的行政权威,市场配置的动力来自企业内部对经济利益的追求。

(5)配置的过程不同。市场配置的动态性较强。

(6)配置的效果不同。市场配置有明显的优越性,只要依靠市场的自发调节,通过市场主体依靠一定的规则进行的市场交易活动,就能自动地实现资源的优化配置。

在中国特色社会主义市场经济的发展过程中,在资源配置方面如何处理政府与市场的关系问题,显得尤为重要。

第一节 资源配置中政府和市场关系的演进

一、西方经济学对政府与市场关系的理论体系支撑

在经济思想史和经济发展史的悠远长河之中,学派林立,思潮迭起。但从总体上说,无非是经济自由主义和国家干预主义两大思潮的沉浮消长。

经济自由主义认为:自由市场经济依靠市场调节,即依靠"一只看不见的手"自行调节就能实现资源配置高效率,国家只需为此提供必要的法律与制度条件,并承担某些不应由市场协调的经济活动。

政府干预主义认为:只靠市场调节不能实现资源配置高效率,必须进行政府调节,即除了"一只看不见的手",还必须有"一只看得见的手",反对自由放任,主张政府对社会经济活动进行干预和控制,并直接从事大量经济活动。

政府与市场关系的争论贯穿于西方经济学的发展历史。综前所述,按照传统的市场经济体制的演进历史,一般将市场经济分为4个阶段。西方经济学家认为,纵观西方经济学的发展历史,依据市场经济发展的4个阶段,在政府与市场关系的演变过程中,关于政府与市场孰重孰轻的争论,其理论体系大致上也经历了类似的以下几个阶段:

(一) 重商主义(国家干预主义的最初形成)

15世纪到17世纪称为重商主义。重商主义在资本主义的初级阶段有效促进了资本的原始积累,推动了资本主义生产方式的建立与发展。

重商主义是西欧封建制度解体和资本主义经济制度准备时期的经济思想和政策体系,为确保萌芽状态的资本主义经济顺利成长,它推崇政府对市场的强制力,以追求货币为目的,将对外贸易作为财富的主要源泉,通过行政手段采取奖出限入的措施,保证对外贸易出口,从而达到积累国家财富的目的。在这一时期,主张政府干预的思想占主导地位。当时随着中央集权制国家的建立和地理大

发现，新兴资产阶级在商业和商业资本方面逐渐发展起来。但是，封建割据的限制依然是商业资本发展的主要障碍，商业资本家强烈要求政府对流通领域和关税进行干预，以保护本国的出口。

在重商主义时期，政府的经济职能十分重要并在资源配置中占主导地位。

（二）自由放任主义（经济自由主义思潮的兴起）

18世纪中叶，出现了古典经济学对重商主义的批判，这一时期是从1776年亚当·斯密出版《国富论》至20世纪20年代。以亚当·斯密为代表的古典经济学在分析自由竞争市场机制的基础上，批判了重商主义思想，反对国家干预，主张自由放任的经济自由主义。提出市场是一只能够自发调节资源合理配置的"看不见的手"，认为政府只要当好守夜人，市场就能做好一切，管得最少的政府就是最好的政府。作为主流的经济学理论，亚当·斯密的自由资本主义的经济理论支配了欧美国家100多年，直至20世纪30年代席卷整个资本主义世界的经济大危机为止。

18世纪后半期，随着工业革命的发生，商业资本转向了工业资本，资本诉求随之由主张政府干预转向主张自由资本主义。在这一时期，强调市场作用和主张经济自由主义的思想占据了主流地位。

亚当·斯密在他1776年发表的《国富论》中全面阐述了自由主义经济学原理，他以理性"经济人"假定为理论基础，提出了"自私的动机、私有的企业、竞争的市场"是自由经济发展的三要素，认为不断增加国民财富的最佳途径是给予经济活动完全的自由，由一只"看不见的手"支配市场，也就是说，政府职能规范的基本价值标准，在于成为一个好的"守夜人"。

自由放任主义认为，一切经济活动均可由市场这只"看不见的手"调节，政府只需要履行以下职能："第一，保护社会，使其不受其他独立社会的侵犯。第二，尽可能保护社会上的每个人，使其不受社会上任何其他人的侵害和压迫，也就是说，要设立严正的司法机关。第三，建设并维护某些公共事业及某些公共设施……"即我们今天所说的国防、警察和公共产品三项。

（三）凯恩斯政府干预主义（国家干预主义的复活）

20世纪30年代的经济大危机引发了西方经济学在20世纪的第一次大革命，

即"凯恩斯革命"。面对始于1929年的经济大萧条，许多经济学家开始对自由放任的经济思想产生了怀疑，主张国家干预主义的凯恩斯经济学应运而生，掀起了一场对自由放任经济思想的革命。以亚当·斯密经济理论为基础的传统的、新古典的经济学说因此让位于以约翰·凯恩斯经济理论为核心的国家干预理论。

凯恩斯经济学主张国家应实行积极的财政政策、宽松的货币政策、注重公共设施建设，从而干预市场、消除市场失灵，在一定程度上起到了控制经济危机的作用。罗斯福新政即以凯恩斯经济学为基础，实行政府对经济的全面干预，建立社会保障制度，有效缓解了资本主义制度自身的内在矛盾，获得了经济复苏与发展。

凯恩斯在1926年发表的《自由放任主义的终结》一文中明确提到，自由放任不可能摆脱资本主义固有的失业与危机。他在1936年出版的《就业、利息和货币通论》一书中正式确立了凯恩斯主义的基本原理，并成为现代资产阶级经济学的经典名著。凯恩斯否定传统经济学的基本命题：私人利益与社会利益存在一致性。他认为自由市场经济制度可以保证个人自由并激发个人的创造潜能，但市场经济存在缺陷，主要表现为在放任自由的经济条件下，由于有效需求不足，失业是不可避免的，而与放任经济直接相关的三种"基本心理法则"——消费倾向、资本边际效率倾向和流动倾向，是造成有效需求不足的主要原因，有效需求和失业的长期积累，则会导致经济危机。为此，凯恩斯以有效需求原理和就业理论为基础，提出了一整套的"反危机"的政策主张。

凯恩斯政策主张要点如下：

（1）国家调节和干预经济生活，实现国家公共经济活动与私人资本运作的合作，指导社会消费倾向。

（2）实行积极的公共财政和金融政策，通过有意识的国家财政税入、税出和货币供应、利率等国家经济活动影响有效需求和社会总就业水平，包括改变租税体系、政府直接举办公共工程和投资非生产部门，甚至扩充军备等。

（3）举债支出，即政府举债投资公共事业和弥补预算赤字，借此提高有效需求，增加总就业量。凯恩斯政府干预主义成功地将资本主义制度从20世纪30年代的大危机中拯救出来，给资本主义以再生。凯恩斯主义对当时西方经济社会的理论体系起到了"革命"性的效果。

凯恩斯政府干预主义认为,为了弥补自由市场经济有效需求的不足,克服经济危机,政府必须干预经济生活,通过增加公共投入以刺激消费。

但凯恩斯经济学本质上是维护资本家的利润最大化,正如凯恩斯所说:"在阶级斗争中会发现,我是站在有教养的资产阶级一边的。"这就决定了这一经济理论必将背离国家干预应以国民经济整体利益为出发点的基本要求,最终导致20世纪70年代的"滞胀"危机。

(四)新自由主义(自由主义思潮的当代复兴)

第二次世界大战结束后,经历冷战多年的世界各国,百废待兴,发展经济,但进入20世纪70年代以后,西方国家先后出现了新的经济危机,通货膨胀与经济停滞同时出现,形成了所谓"滞涨"现象。同时,国家财政赤字愈来愈大,而社会失业人口却愈来愈多。凯恩斯主义因此在政策实践中面临一种难以解脱的两难选择境地:如果采用扩张性的财政政策,势必会加剧通货膨胀;如果采用紧缩性的财政政策,又会导致经济停滞,加剧经济危机。受凯恩斯理论影响最大的国家,遭受的痛苦也最多。面对这种现实不得不承认凯恩斯主义的失灵了。凯恩斯主义的政府干预理论无能为力已是明摆着的了,此时,新自由主义迅速地发展起来。

"反对政府干预、修复'看不见的手'"成为经济界的主要呼声。新自由主义经济学家掀起了对凯恩斯经济学的声讨,并重新主导经济思潮。新自由主义反对国家干预和公有制,宣扬自由化、私有化、市场化。这一时期的代表人物有美国新货币主义经济学家弗时里德曼,德国新自由主义弗来堡学派经济学家缪勒·阿尔玛克、罗普克、艾哈德,最彻底的当属哈耶克的新自由主义,他反对任何形式的政府干预,高唱"自由胜于一切"。

西方资本主义国家20世纪80年代的私有化浪潮、俄罗斯的"休克疗法"、拉美国家实行的以"华盛顿共识"为基础的经济改革,都是新自由主义经济学的"杰作"。

新自由主义认为,资本主义市场经济是完善的,私人企事业经营制度有很大优点,应"把政府活动限制在应有的范围内"。政府不应像凯恩斯主义主张的那样调节和干预经济,而应仅仅维持市场经济秩序,做好裁判员,绝不可亲自参加比赛。

但实践证明,新自由主义给许多国家造成了危害,特别是造成了苏联的瓦解和拉美国家的经济衰退,2008年爆发的金融危机则使新自由主义彻底陷入困境。

(五)新凯恩斯主义(凯恩斯主义的回归和改良)

新凯恩斯主义是在20世纪80年代后期和90年代初期兴起的。进入80年代以后,西方国家再次出现了失业率猛增且居高不下、国内的生产总值下降、经济增长停滞、政府财政状况恶化等一系列的问题,面对这些问题,新自由主义理论显得束手无策。新自由主义经济学理论也到了黔驴技穷的境地。

在这样的情况下,新凯恩斯主义或新凯恩斯主义经济学应运而生,出现了凯恩斯主义的某种"复兴",政府对经济总量干预的必要性为新凯恩斯主义的提出和发展提供了契机。

新凯恩斯主义的主要特点是:为凯恩斯理论寻找新的研究方法,进一步发展了凯恩斯的宏观经济学,在重视政府政策干预的有效性同时,指出政府干预的局限性。市场机制是通过市场价格和供求关系变化及经济主体之间的竞争调节供给与需求以及生产要素的流动与分配,从而实现资源配置的一套有机系统,其核心是竞争机制。价格机制把供给与需求的诸多信息凝聚成简单的价格信号,显示产品稀缺程度,引导经济主体的行为,促进生产要素的合理流动。但是,市场也有它缺陷所在,它不能解决垄断所带来的社会福利损失,不能解决外部性所产生的污染,不能自行解决内部信息流动不畅的问题。从宏观经济的角度而言,自由放任的市场还造成失业、通胀甚至导致社会动荡和灾难。并且还存在一个收入分配问题的挑战。市场只是一种机制,只有在恰当的外部环境下才能发挥其最好的作用。恰当的外部环境要靠政府的力量去创造和维护。

新凯恩斯主义认为,市场和政府作为人类事物的制度安排,各有其优劣。市场这只"看不见的手"和政府这只"看得见的手"只有适当地协调与配合,才能实现社会资源配置的优化。

(六)当前国家干预主义与新自由主义之争

2008年世界金融危机的爆发使经济学家不得不重新思考政府与市场的关系。

以鲁比尼、克鲁格曼、斯蒂格利茨、大卫·科茨等为代表的国家干预主义经济学家在分析了金融危机产生的深层次原因后，揭示了新自由主义政策导致经济危机的必然性。一度坚定推行新自由主义经济制度的美联储前主席格林斯潘面对危机的爆发，承认应该承担"部分责任"，作为自由主义经济学代表人物的罗伯特·卢卡斯也承认解除或放松监管出了问题。

目前的金融危机是由放任自由市场的行为引起的，需要政府的干预，进行政府宏观调控的职能，但真正摆脱危机的影响最终需要借助市场的作用。当前的金融危机又进一步验证了单独使用任何一种制度都达不到经济社会发展的目的，正确的选择应该是有限的政府加上充分发育市场。

目前出现了全球性的减税大潮就是此轮政府干预的结果。

（七）西方国家在目前资源配置中政府与市场关系的实践操作

这里以 2008 年金融危机为例。2008 年全球性经济危机以来，凯恩斯主义成为危机治理的重要"药方"。各国纷纷加大宏观调控力度，采取积极的财政政策，扩大有效需求，实现充分就业，并取得了阶段性的胜利。在这个过程中，主张政府要"小"，职能要"少"的新自由主义不得不让位于凯恩斯主义。面对经济危机，各国都采取了积极的救市举措：美国前总统奥巴马签署了一项 7870 亿美元的经济刺激方案——《美国复苏和再投资法案》。欧盟在 2008 年 11 月 26 日通过的经济恢复计划中，提出经济刺激要紧密结合里斯本战略提出的四大重点任务（人、企业、基础设施和能源、研究和创新），并启动了一项高达 18 亿欧元的重要的欧洲就业支撑计划。2009 年 4 月 10 日，日本政府宣布了总额为 56.8 万亿日元的经济刺激新方案。韩国国家科学技术委员会和总统未来企划委员会在 2009 年 1 月 13 日的一次联合会议上提出了《新增长动力蓝图及发展战略》。多国的政策都指向一个目标：激发经济活力，扩大就业。

这表明，在经济危机到来之时，国家、政府作为一个强力的调节杠杆而存在。在以"市场经济、自由竞争"为行动准则的资本主义国度，政府这只"看得见的手"与市场这只"看不见的手"构建了一种新型的伙伴相依关系。

在政府适度干预的凯恩斯主义下，各国经济开始逐渐复苏。国家干预论东山再起，并成为克林顿政府经济政策的重要理论依据。

2017年12月,作为全球最大的经济体,美国30年来最大的税改法案又迈出关键一步。大幅度地减税,会刺激经济增长,促进就业,提振市场繁荣。但大规模减税是有代价的,美国联邦政府财政赤字和主权债务的持续上升是一个主要问题,长期看,将成为制约美国经济竞争力提升的一个重要因素。

二、马克思主义政治经济学关于政府与市场关系演变的基本理论和在社会主义国家的实践过程

(一)马克思计划经济思想中的政府与市场关系

马克思在其经济学理论体系六册结构计划中后三册分别为《国家》《对外开放》《世界市场》,可以设想,如果马克思如愿完成后三册的写作,将会详尽阐述政府与市场的关系,将会留给后人更多的启示。现有马克思的著作中,涉及政府和市场关系是其计划经济思想。

马克思侧重研究了资本主义私有制下的市场和政府关系,他在分析资本主义商品经济规律的基础上,揭示了资本主义无政府状态下市场作用的失灵。认为资本主义生产社会化和资本主义生产资料私人占有的矛盾,必然会导致个别企业内部生产的有组织性和整个社会生产的无政府状态的对立。资本家追逐利润最大化的本性使无政府状态下的生产规模不断扩大,而追逐利润最大化又使资本家尽可能压低工人的工资,同时机器大工业又造成大量工人的失业,从而使"工人的消费能力一方面受工资规律的影响,另一方面受以下事实的限制,他们只有在能够为资本家阶级带来利润时才被雇用。一切现实危机的最后原因,总是群众的贫穷和他们的消费受到限制,而与此相对的是,资本主义生产竭力发展生产力,好像只有社会的绝对的消费力才是生产力发展的界限"。社会购买力跟不上生产能力的增长,于是相对过剩的经济危机就不可避免了。据此,马克思对未来共产主义社会的政府与市场关系进行了预测,提出"自由人联合体"设想,其"物质生产过程""处于人的有意识有计划的控制之下",即在生产资料公有制的基础上,将全面消除商品、货币和价值交换,取而代之的是政府计划手段的全面调节。同时,马克思也指出这一过程不是一蹴而就的,而是"需要有一定的社会物质基础或一系列物质生存条件,而这些条件本身又是长期的、痛苦的发展史的自然产

物"。马克思计划经济思想中所包含的一个重要原则是改变生产活动的无政府状态，由国家这一权威力量对经济活动进行干预，实现供求平衡，以满足人民的需求，并消灭经济危机。

这一原则不仅在社会主义国家得到实践，同时也被西方资本主义国家的经济与社会改革所吸取，特别是在20世纪30年代经济大萧条使古典经济学破产时，凯恩斯主义吸取了马克思计划经济思想，强调国家干预的作用。值得一提的是，由美国次贷危机引起的金融危机爆发后，西方世界出现了"重温马克思主义"热潮，正如德国国际政治分析师米夏埃尔·道德尔·施代特所言："金融资本体制引发的危机给马克思主义带来了新的现实意义。"

(二) 马克思主义政治经济学中政府与市场关系在社会主义国家的运用和演进

恩格斯指出社会主义国家作为整个社会的代表，将实行"对生产过程的领导"。由国家代表全社会有计划地分配资源是社会资源配置的更高级的形式。从本质上说，社会主义公有制之所以必然要取代资本主义私有制，是因为市场的盲目竞争和生产无政府状态愈来愈带来对生产力的巨大破坏。马克思认为自觉地有计划组织社会生产是社会主义的本质特点，他说：问题的争论在于"构成资产阶级政治经济学实质的供求规律的盲目统治和构成工人阶级政治经济学实质的由社会预见指导社会生产"。由社会预见指导是指代表全社会利益的政府制定的规划的指导和引导。

在这里不得不提作为社会主义国家的苏联和中国在经济发展过程中对政府与市场关系的认识及实践运用。

第一个社会主义国家苏联在其建设实践中，领导人斯大林依据马克思主义的基本理论，提出了国民经济有计划发展规律是社会主义特有的经济规律。不过，在实践中，由于缺乏经验，没有考虑从现实生产力状况出发，教条主义地对待马克思主义，在组织社会生产时，完全摒弃市场在资源配置中的作用，奢望在条件尚不具备时，建立高度集中的全面的计划经济体制。尽管其有计划经济发展和全国一盘棋的指导思想的优越性得到了发挥，推动了经济的高速发展，但由于超越了现实的客观条件，完全否定了在一定发展阶段上市场在资源配置方面的积极作用。高度集中的计划经济体制，大大挫伤了基本生产单位的积极性和创造性，问题日益积累，造成经济效益日趋低下，社会生产力的发展速度日趋下降，人民生活水平的提高也受到极大的影响。

然后，作为社会主义国家的中国，我国社会主义革命取得胜利后，在经济建设方面基本是继承苏联时期的计划体制，不过也逐渐开始思考苏联计划体制过于集中的缺点问题，毛泽东在1956年《论十大关系》中指出了苏联体制的缺陷。在这一基础上，邓小平对此进行了全面思考。到1979年，形成了对社会主义市场经济基本理论问题的全面认识。这包括：不能说市场经济是资本主义的，社会主义可以搞市场经济，这是社会主义利用这种方法来发展社会生产力。我们应注意到，邓小平在谈到发展社会主义市场经济时，论述非常严谨，这表现在他没有否定计划经济的优越性，且明确地指明了市场经济只是社会主义利用的一种方法、手段。

按照马克思主义的基本理论和邓小平的建立社会主义市场经济的理论，社会主义公有制当然是主要的矛盾方面，市场经济是次要的矛盾方面。我们知道，马克思认为建立公有制就是为了从根本上消除生产无政府状态的盲目统治，进步到由社会预见指导社会生产，按照现代科学要求，自觉地、有计划地发展经济。这里所说的社会预见指导，是指社会在取得社会革命胜利后的一定阶段上，当国家还必须存在的条件下，国家就是全社会利益的有形代表。恩格斯明确指出，这时，国家真正作为整个社会的代表所采取的第一个行动，即"以社会的名义占有生产资料……对物的管理和生产过程的领导"。所以，社会主义公有制建立后，政府的最重要的职能就是管理经济，领导经济的发展，这里根本谈不到出现国家资本主义。

中国没有市场经济的传统，而国家控制和垄断工商业特别是垄断一切获利丰厚的工商业活动（如盐铁茶酒等）的传统、抑制并打击民间工商业的传统则十分悠久，根深蒂固。中华人民共和国成立至今，关于社会主义是否存在商品经济，是否存在市场经济，如何确定计划调节和市场调节的关系，如何确定政府和市场的关系等不仅在学术界引起争论，也成为国家领导人思考和把握的问题。

中华人民共和国成立以来，我国政府与市场关系经历了以下四个时期的历史转变：

1. 全程政府配置资源阶段（1949~1978 年）

这段时间是中华人民共和国成立至改革开放前。中华人民共和国成立后，毛泽东曾就"社会主义商品生产问题"进行研究，并在 1958 年 11 月召开的工作会议上指出"商品生产不能与资本主义混为一谈"，"商品生产，要看它是同什么经济制度相联系，同资本主义制度相联系就是资本主义的商品生产，同社会主义制度相联系就是社会主义的商品生产"，并明确"要利用商品生产、商品交换和价值法则，作为有用的工具，为社会主义服务"。毛泽东的理论思考破解了社会主义是否存在商品生产的历史性难题，但在实践中，他仍然强调政府计划的主导地位，特别是"文革"时期，曾一度把计划经济等同于社会主义，把市场经济等同于资本主义，过分强调依靠指令性计划和行政手段来管理经济。

这时我国是纯粹的计划经济，政府全能，完全代替市场进行资源配置。政府突出微观管理职能，政企不分，企业无独立和自主性，政府通过行政手段直接管理经济和配置资源。

2. 政府全能资源向政府放开部分资源配置的转变阶段（1978~1992 年）

这是有计划商品经济阶段，也是对政府与市场关系探索的阶段。这是我国政府经济职能自觉转变的初级阶段，1978 年前思想解放的浪潮冲破了极"左"思潮的束缚，启动了我国市场取向的经济体制改革尝试。陈云结合中国实际，大胆探索计划与市场的关系，他在 1979 年 3 月 8 日《计划和市场问题》提纲中分析了社会主义时期计划与市场两种经济并存的必然性，指出"整个社会主义时期必须有两种经济：计划经济部分和市场调节部分，第一部分是基本的主要的，第二部分是从属的次要的，但又是必需的"。

计划和市场的关系，也是邓小平从改革之初就一直思考的问题。1979 年，邓小平提出建立深圳、珠海、汕头、厦门 4 个特区，并在 1980 年 5 月中央和国务院下发的第 41 号文中明确 4 个特区将"实行不同于其他地方的制度和政策。经济特区将主要受市场调节"。1982 年 7 月，邓小平指出"社会主义同资本主义比较，它的优越性就在于能做到全国一盘棋，集中力量，保证重点。缺点在于市场运用得不好，经济搞得不活。计划与市场的关系问题如何解决？解决得好，对经济的发展就很有利，解决不好，就会糟"。随后中共十二大即提出了要以"计划经济为主，市场调节为辅"的原则。1984年，十二届三中全会印发《中共中央关于经济体制改革的决定》，提出要发展社会主义商品经济，并明确实行计划经济同运用价值规律、发展商品经济，不是互相排斥的，而是统一的。同年，确立了价格双轨制，"即一轨制适用于国家计划内产品，另一轨价格则要适应市场的变化"。1987年，十三大进一步明确：社会主义有计划商品经济的体制，应该是计划与市场内在统一的体制。

在这个阶段，政府经济职能从"政府统治"到"政府干预"的转变，理论上意味着政府从"全能政府"向"有限政府"的转变。具体是对国有企业放权，让企业经营自主，精简经济行政机构。

3. 市场配置资源地位的确立阶段（1992~1997年）

这也是社会主义市场经济阶段。关于社会主义是否存在市场经济的问题，邓小平在1992年南方讲话中作了充分的论述，他指出"计划多一点还是市场多一点，不是社会主义与资本主义的本质区别；计划经济不等于社会主义，资本主义也有计划；市场经济不等于资本主义，社会主义也有市场；计划与市场都是经济手段"。1992年10月，十四大明确："我国经济体制改革的目标是建立社会主义市场经济体制"，并提出我国经济体制改革确定什么样的目标模式，是关系整个社会主义现代化建设全局的一个重大问题，其核心是正确认识和处理计划与市场的关系。这一论断确立了社会主义市场经济，是马克思计划经济思想与中国实践的科学结合，为中国经济改革提供了崭新的目标模式，标志着改革开放进入一个新阶段。

党的十四大提出我国经济体制改革的目标是建立"社会主义市场经济"，确定了"市场"在我国社会资源配置中的合法地位，明确了"政府"经济职能主要限于通过间接手段为主的宏观调控体系干预市场失灵领域，并伴随了财税体制、金融体制的相应改革。

4. 政府配置资源职能转变的全新阶段（1998年至今）

2007年，十七大明确要求从制度上更好地处理政府与市场的关系，强调

"加快推进政企分开、政资分开、政事分开、政府与市场中介组织分开,规范行政行为,加强行政执法部门建设,减少和规范行政审批,减少政府对微观经济运行的干预"。2008年国际金融危机爆发后,我国较好地发挥了政府的作用,在2008年经济危机到来之时,我国快速调整了宏观经济趋向,以积极的财政政策为核心,通过公共投资、税制改革等手段直接或间接扩大社会需求,以适度宽松的货币政策作配合,为财政政策的运行创造了良好的货币环境。大幅增加社保投入,提高城乡居民最低生活保障标准,调整国民收入分配格局,大力推进"家电下乡"政策,大幅增加涉农补贴。实施4万亿元投资计划,刺激需求,刺激经济,加快经济复苏,在保增长、扩内需的应急举措中取得了显著成效,使我国经济不仅率先回升向好,也对世界经济复苏发挥了重要作用,创造了"中国奇迹"。2008年面临世界经济危机,我国政府扮演了一个强势的调控者角色,并且取得了很好的成效。

本届政府"全面、协调、可持续的科学发展观""构建社会主义和谐社会"成为新时期政府职能转变的标志。为了强化宏观管理和公共服务职能,弱化微观市场职能,改革开放以来,中国已进行了7次国务院政府机构改革;力图降低行政成本,提高行政效率,国务院组成部门已由1982年的100个削减为2013年的26个。2018年3月13日,国务院机构改革方案公布,根据该方案,改革后,国务院正部级机构减少8个,副部级机构减少7个,除国务院办公厅外,国务院设置组成部门26个。

2018年3月28日,在"两会"刚刚闭幕一周,国务院就开始兑现减税的承诺,一举送出了4000亿元的企业减税大礼包,减税力度空前,加上2018年将上调个人所得税起征点,并出台个税综合抵扣等改革方案。可以预计,在完成营改增之后,新一轮的实质性减税周期已经来临。在全球减税大潮下,中国政府也将顺应这一趋势,中国企业和居民的整体宏观税负将呈现稳中有降趋势,中国将迎来真正的"国强民富"的新时代。

目前来说,在我国还存在一个误区,即否定我们国家、政府的管理经济的职能。这个观点至今还很有影响,持这个观点的人认为,当前更好地发挥政府作用,一方面需要弱化政府在微观方面的一些管理职能,从不该管的领域退出来,让市场真正发挥配置资源的基础性作用；另一方面需要强化政府在社会管理和服务方面的职能，弥补市场本身具有的不足和缺陷，为市场经济健康发展创造良好环境。需要由政府这只看得见的手通过制定政策加以弥补。

这与十八大报告精神不符合。十八大报告要求更好地发挥政府的作用。发挥政府的什么作用呢？一些人往往把政府职能局限在市场监管、社会管理和公共服务等方面，甚至要把政府管理组织经济的职能完全取缔，政府的职能只是在市场配置资源的基础上，弥补市场之不足。这样的话，社会主义基本制度的特色不见了，科学发展观指导整个国民经济的健康发展，国家制定的五年规划的主导作用也消失了。这严重脱离了我国发展经济的现实，对现实资本主义处于严重经济危机中的状况也缺乏研究；思想束缚在资本主义市场经济模式中，忽视了马克思主义基本理论。

政府与市场的关系，也可以称作计划与市场的关系，不过计划只是政府管理经济的职能之一，它还含有许多其他职能。马克思主义的基本原理告诉我们，社会主义国家机构的主要职能应当是管理经济，而不是放弃对经济的管理，其他方面的管理职能都是为管理好经济服务的。社会主义国家管理经济是科学社会主义的基本原理。2013年1月5日，习近平同志在中央党校的讲话中强调："中国特色社会主义是社会主义而不是其他什么主义，科学社会主义基本原理不能丢，丢了就不是社会主义。"遵循十八大报告所强调的，我们要有道路自信、理论自信、制度自信，彻底摆脱资本主义市场经济模式的影响，从现代西方经济学的话语权束缚中解放出来，进而创新一种中国特色社会主义的经济运行模式。

邓小平关于市场经济是利用来发展经济的手段、方法的观点，是指导我们沿着正确方向进行完善社会主义市场经济体制的根本理论依据。在社会主义市场经济的发展中，主体当然是社会主义的国家、政府，削弱政府管理经济职能的道路不是社会主义道路。当然，不当地对市场进行过多的干预必须坚决制止，这也是当前经济体制改革的重要任务。但决不能用一些实践中政府工作上存在的缺陷，从根本上反对政府管理经济，要求削弱、取消政府管理经济的职能。

政府与市场是两种配置资源和协调社会经济活动的主要制度安排。党的十八大报告明确指出，当前我国经济体制改革的核心问题是处理好政府和市场的关系，必须更加尊重市场规律，更好发挥政府作用。这一论述是马克思计划经济思想与中国实践的科学结合，也是对国内外政府与市场关系理论和实践的经验总结。

从总体上说，在当前的状况下，正确处理政府与市场关系，首先应明确加强政府对经济发展过程的管理的重要性。政府对经济发展具有最关键的、决定意义的功能，是市场根本不具备的。十八大报告指出，要"加快形成符合科学发展要求的发展方式和体制机制"，包括更加自觉地把以人为本作为深入贯彻科学发展观的核心立场，更加自觉地把全面协调可持续作为深入贯彻科学发展观的基本要求，更加自觉地把统筹兼顾作为深入贯彻落实科学发展观的根本方法。这些对国民经济发展最有决定意义的工作，都是依赖政府的宏观管理职能才能实现的。

三、西方国家在资源配置中政府与市场关系的几种模式

不同国家、同一国家在不同阶段情况下，政府在其中所扮演的角色不同，因而导致不同类型的政府与市场关系。当前，全球政府与市场的关系有几种模式，分别是美英模式、日韩模式和中国台湾模式。前面已经介绍过当今世界市场经济体制下资源配置的几种不同模式，在本章节中继续探讨其中三种模式中政府与市场关系模式的利弊。

（一）美英模式

美英是老牌资本主义国家，政府与市场关系基本上经历了前述六个发展阶段，政府与市场结合是经过漫长时间磨合之后形成了有机整体，功能互补性强，政府与市场关系能够做到层次分明，具有明确的定位与分工。美国早在罗斯福"新政"时期就奠定了这种基础，英国在20世纪80年代撒切尔夫人执政时期，也基本上退出了国有化。强大的政府与强大的市场具有双层分工职能，有力地促进了新经济发展。这些国家之所以能够在高新技术产业发展中取得世界领先地位，与其高度发达的市场机制及其配套服务措施分不开，政府对高新技术企业的发展基本上没有直接干预，而是让其在市场机制作用下自主发展、自由竞争，市场机制在高新技术产业发展中有着引导调节资源配置的巨大空间。

(二) 日韩模式

对于后发国家和地区（以东亚国家为典型），就不具有成熟市场那样的初始条件，因而就不能渐次地经历前述六个发展阶段，因此，很难说指定了政府或市场某个角色或某种功能，它就能够胜任。二者的职能分工往往是交叉的，是以市场主导先建市场、后入政府，还是采取政府主导发展市场。对于日韩这样后起的、追赶型国家，如果按着既定的成熟的技术路径，政府的直接介入往往是必要的，它能够最大限度地动员全国资源，依靠行政组织的力量，创造更高的效率。而按照自发的市场力量，则需要上百年的时间，而通过这种方式，可能在二三十年内就能够实现。例如，日本和韩国在进入集成电路领域之时，政府和大企业都投入了巨额资金，其中，大企业的资金有相当部分又是由政府或政府支持银行贷款的。政府不但直接通过银行给企业提供资金支持，而且，政府干预产业发展方向、技术标准制定，同时，对国内市场进行封锁与保护。正是因为有了政府强有力的支持与保护，电子产业虽然起步晚、起点低，但仍然取得长足发展，从委托加工（OEM）开始逐步进入集成电路领域。韩国起步时主要是购买专利技术，在此基础上搞自主开发，这些都没有妨碍它们采取全面的赶超战略。例如，从 20 世纪 70 年代中期开始，日本在"美日半导体之争"中取得明显优势。1970~1974 年日本的 1K DRAM 的世界市场占有率还只有 5%，但是，到了 1981 年，64K DRAM 在世界市场上的占有率高达 70%。1980 年日本率先开发出 256K DRAM。

但是，政府与市场关系如果没处理好，或者在一个国家经济发展的不同阶段，政府与市场关系模式不符合经济发展规律，那么经济不仅不会发展，反而会受到严重影响。日韩在追赶过程中，强大的政府干预，造成企业对政府的严重依赖性，降低了企业技术创新的风险意识，由于有政府撑腰，企业可以不计成本收益，在技术创新方向选择和规模扩张上产生盲目性，甚至把家电行业获得的高收益用于弥补集成电路方面的巨额亏损，或是采用高负债的办法，试图以低成本扩张的优势战胜美国，从而扩大了产业投资的风险。20 世纪 90 年代中期集成电路市场萎缩，日本和韩国企业受到严重冲击。同时，由于政府强力干预，通过政策导向影响生产要素向政府"择优"扶持的产业和企业集中，企业或多或少地会迎合政府的战略意图,产业选择和发展的范围过于狭窄。同样以集成电路为例,韩国集中力量开发 DRAM,单一的产业发展模式发挥了规模优势,但无形中也增加了市场风险。加之国内市场不放开,处于垄断状态,大企业缺乏有效的竞争压力,也就没有了技术创新的动力,最终丧失了竞争力。又如,日本电信市场直到 20 世纪 90 年代中期仍然是独家垄断,严重地阻碍了通讯设备市场、通讯设备制造业的创新发展。正是由于政府干预极大地限制了市场能力的发挥,经过一轮赶超周期之后,日本和韩国的高新技术产业发展在与美国竞争中开始走下坡路了。从 20 世纪 90 年代开始,日本高新技术产品产值在世界市场上的份额趋于下降,1989 年时还占到 28%,到 1995 年则只占了 23%,而韩国高新技术产业则陷于高投入、低效益的困境之中。

(三) 中国台湾模式

中国台湾模式之所以能够从第一阶段做起,主要是采取了外向型发展战略,依托美国市场。由于分散化市场风险,使市场规模不断做大,引致当局对研究与开发的支持,因而更顺应了高新技术产业发展的要求。中国台湾的本土资源、本地市场规模有限,必须依靠(岛内、岛外)"两种资源、两个市场"。无论是市场、资源、技术还是人才,都直接与美国接轨。从 20 世纪 70 年代开始,中国台湾岛内也试图建立工业基地,扶植了像"台机电""台塑"等大型工业企业,但总的来讲,中国台湾保持了市场的开放性,使企业直接在国际竞争与合作中增强了竞争力,而不是依赖有关当局。中国台湾高新技术产业发展也是从委托加工或称代工 (OEM) 开始,在传统产业的加工出口中积累起来技术、生产组织、市场营销网络和企业管理等方面的经验和人才。20 世纪 70~80 年代岛内人才流失严重,但是,之后又出现了科技人才和市场经营人才回归本土现象。从简单的代工 (OEM) 发展到委托设计 (ODM) 和制造,主要是民间企业与民间资本自发形成的。在电子信息产业中,中小企业占有绝大多数,投资规模和生产规模都很小,但是,成本低、效率高、产品优质率高,没有搞自有品牌,主要接美国订单,为美国企业委托加工,岛内形成了以美国企业和美国市场为依托的专业化分工体系。虽然它也采用代工方式,但与日韩模式实现的效果截然不同,中国台湾小企业与美国大公司之间始终保持着稳定的合作关系,它与客户之间具有互补性,不存在竞争性，以美国市场为终端，它利用客户窗口输入和嫁接新技术，提高生产效率。因此，中国台湾注重提高生产工艺和技术改进，生产质量和产品性能可靠。20世纪90年代以来，美国电子信息产业持续繁荣也带动了台湾高速发展。由于信息制造业的下游生产对中上游产品不断增长的需求，以及上游产品存在的巨大的利润上升空间，中国台湾电子信息产业自然延伸，进而向集成电路领域拓展，从而实现了高新技术产业升级，而不是像日本和韩国那样事先由政府刻意安排，直接对高新技术产业进行大规模投资，或通过银行体系给企业全面的信贷支持。当局对高新技术产业的直接投资很少，主要是为高新技术产业发展创造资本市场，引导资源向高新技术产业流动，建立有利于高新技术产业发展的科技园区，特别是在引进技术和研究开发（R&D）方面投入了不少资金。比如，工业技术研究院（简称"工研院"）就是官办的，现在成为了中国台湾高新技术产业的孵化器。它是高新技术的重要来源，也是培养科技型企业家创业的摇篮，不少人把"工研院"当作进入高新技术产业领域的跳板，在这里开发出高新技术，并获得市场经验，然后再跳出来自立创办新企业。除了自身积累的资金外，还有许多服务公司可以为企业包装上市，从活跃的股票市场上融资。同时，当局也在企业上市、税收、进出口、业务管理等方面提供优惠政策和有效服务。当然，"种瓜得豆"的例子也不胜枚举。

拉美模式中，由于政府是由不同的利益群体组成的，每项政策的出台，都取决于表决机构中不同利益群体的组成，因而并不能保证社会利益的实现。如果是市场发育不全，也就意味着权利体系不健全，因而导致另一种威胁，即法制观念淡薄，法律体系不健全，政府加速腐败。

在政府与市场的关系方面，历史上，经济自由主义和国家干预主义两大思潮交替成为经济思想中的主流，反映并服务于现实社会经济发展的需要。它们都曾在不同国家以及同一国家的不同发展阶段占据重要地位和发挥重要作用。在某一经济思潮主导时期内所创造出来的经济奇迹与国家繁荣的事实，一定程度上说明了其各自思想理论和政策主张的正确性与适用性。然而，经济社会却始终无法由其二者之一来独立引领的现实及其相互交替更迭的历史过程，又验证了两大思潮都不是万能的，市场调节不是没有失灵的时候，国家干预也不是不存在任何风险与代价的,二者皆有其内在的缺陷和失败的客观可能。因此,在当今复杂的经济背景与形势下,过分崇拜、坚持或是迷信某一种经济思想及其政策主张,是极其危险和不科学的;反之,相互借鉴,相互渗透,去其糟粕,取其精华,从中寻求一个相协调的平衡点,才是解决经济问题的当务之急和明智之举,才能最终真正实现经济发展的长远与稳定。

第二节 为何要处理好政府与市场的关系

一、政府与市场关系的常见误区

(一)西方经济学界关于政府与市场的关系的三大观点

1. 政府是国家经济管理的中心

市场的自由主义将带来社会的混乱,不相信市场经济,这是传统的马克思主义经济学。

2. 市场崇拜自由主义

这是另外一种极端主义的看法,认为自由的市场能够对经济进行自我调节。政府的干预只能阻碍市场机制的发挥与资源的有效配置,这是以米塞斯和哈耶克为代表的奥地利学派。这一观点具有悠久的历史,如斯密的古典经济学认为,市场是调节经济活动的最佳方式。因此,人们相信自由竞争的制度安排能产生最优的经济秩序与市场效率,从而排斥在经济制度的安排中给政府留下干预的空间。这一学派当今的代表人物主要在美国。

3. 凯恩斯主义折中观点

主张政府干预的凯恩斯主义经济学,认为"政府是必要的恶",承认政府在经济运行中的积极作用,认为必要的时候,政府应该介入市场。弗里德曼就认为,经济萧条时期政府应采取积极的货币政策让经济走出低谷。

(二) 传统的有关政府与市场关系问题研究的误区

1. 对政府和市场采取一种本质主义的态度, 把它们作为完全平行的、对立对等的、非此即彼的两个极端

对于政府和市场应在经济体系中各自承担何种职能？发挥怎样作用？要么是在相对完善的政府和不完善或不充分的市场间进行选择，要么是在相对完善的市场和不完善的或不充分的政府间进行选择，把政府或市场分别作为理想的、优于另一方的资源配置机制，当一方出现所谓的失灵的现象时，就认定另一方即是弥补该缺陷的合适选择，忽视了政府制度和市场制度的历史演进，只是对政府与市场的关系进行纯逻辑的分析和故事性的经验总结，把特定类型的政府或市场在特定的经济发展阶段之上和特定经济情境之中的具体职能或特定政策理解为它们的本质规定性。这种经验主义的论断不仅体现在对传统社会主义计划经济国家高增长的成绩和东亚国家经济增长奇迹的评价之中，同样的逻辑还体现在对原社会主义经济的解体和东亚发生金融危机的解释之中。

市场配置资源作为"看不见的手"的运作，并不是实在的有形存在，它没有任何自然的物质存在，它的存在纯粹是社会的，是一种社会关系，是私人生产者为私利的市场竞争关系的总体。如果说有具体存在的话，那就是分散的私人企业主的"手"，除此，它没有别的现实存在形态。斯密用"看不见的手"表达这种自发竞争的关系，会给人一种错觉，似乎有一个实在的手存在，人们拜倒在它面前。

而政府配置资源作为"看得见的手"的运作，与"看不见的手"不同，是指代表全社会的共同利益的国家机构——政府，这是一种实际的物质存在，看得见、摸得着的。在资本主义私有制条件下，在资本主义私有制资源配置上，"看不见的手"是基础性的。

国家这只"看得见的手"是"看不见的手"的卫护者。正是由于政府的保护，市场这只手才得以发挥资源配置的正面作用。政府通过制定各种法规，像财产法、契约合同法、物权法、劳动法、工厂法、竞争法等游戏规则，以及完成那些私人企业主不愿做和做不了的生产职能，例如，初期修建铁路等活动。正是由于存在政府的保驾护航，才使这种分散的生产过程得以维持，使这只"看不见的手"的负面作用不至于在私人生产者的相互厮杀中导致整个国家制度的崩溃。所以,"看不见的手"一开始就是在"看得见的手"的呵护下才得以发挥其配置资源的正面作用的。正如诺贝尔奖获得者美国经济学家约瑟夫·斯蒂格利茨所说,市场"如果没有政府的干预,就不能实现有效的资源配置"。

2. 认为政府与市场可以相互替代

任何一个社会体系都要追求多元化的价值和目标,而且这些终极目标和基本价值之间是不可以相互取代和归并的,所以,政府和市场应该具有不同的价值追求和目标,二者的目标和价值是不能等同的。如果政府维护公平,而市场也要追求结果的平等,这样就会导致社会的激励和创新不足。政府与市场各自的价值不可归并,不能统一于一种价值,虽然在较小的范围内,二者的目标可能有部分的重合和交叉,但认为政府与市场可以相互替代的观点肯定是错误的。政府与市场虽有各自明确的运作原则和作用范围,但二者之间已经形成一种不可分离的共生关系。政府与市场的共生关系,首先是一个事实,其次才是一种观念。强调它是一个事实,是为了提醒人们政府与市场的共生状态是人类社会经济制度进化的结果。在现代社会中,没有政府的市场和没有市场的政府都是不可想象的。

一方面,离开了政府,现代市场最重要的一些制度前提将不复存在,现代市场制度得以确立的产权保护、合约履行、损害赔偿等规则,仅仅靠市场交易主体双方的合意约定和自我约束是远远不够的,具有强制力的政府是提供相应制度安排的最重要的制度供给者。

另一方面,离开了市场,现代社会将难以持续保持健康运转,那些曾试图消灭市场的国家,最终都无一例外地受挫。市场经济的营建和政府法律制度的构造是同一过程的两个方面。斯蒂格利茨对实行市场化改革的国家提出过这样的忠告:"不要把市场与政府对峙起来,而应该是在二者之间保持恰到好处的平衡,因为有可能存在许多的中间形态的经济组织(包括那些以地方政府、合作社会等为基础的中间形态)……不完全的昂贵的信息、不完备的资本市场、不完全的竞争,这就是市场经济的现实。那些正在从事经济体制选择的国家必须考虑到上述这些方面。当然,竞争不完全或者资本市场不完备并不意味着不应该选择市场体制,而是指在作出选择的过程中,不要被那些不恰当的市场经济模型所提供的原理和思想弄昏了头。而且,最重要的是,这意味着在决定采取哪些形式的市场经济时(包括政府应该承担什么角色),他们必须记住实际的市场经济(而不是毫不相干的完全竞争模式所指的市场经济)是如何运行的"。我们在深化社会主义市场经济体制改革目标的同时,要处理好政府与市场的关系,在社会主义市场经济中,市场机制是决定性的资源配置方式,政府干预经济活动,绝不是简单地替代和否定市场机制的作用,而是要尽可能发挥市场的作用,始终保持与市场一致的原则;要着力于改进政府的经济功能,达到真正弥补市场失灵的效果。

二、对于政府与市场的关系的剖析

(一) 政府与市场关系的本质是什么

政府与市场关系的本质是政府同企业、居民的关系。在市场经济条件下,各个生产主体(企业)和消费主体(居民)都有确定自己行动的自主权,生产什么、怎样生产、何时生产,消费什么、怎样消费、何时消费等,都是由各方自行决定的。它们通过互相交换商品、劳动和服务发生联系,从而相互形成了市场。市场交换成为社会经济运行的基础,政府也是市场中的活动主体,不过是个不同于企业和居民的具有特定功能的特殊主体而已。

(二) 政府与市场关系的立足点是什么

政府与市场关系的立足点应该是有距离的分工协作关系。

一方面,无论是在基本理论知识方面,还是在社会实践操作中,都要坚决杜绝把二者对立化,政府和市场之间应该进行合理分配,侧重不同,并在不同分工的基础上进行和谐的协作。

另一方面,在政府与和市场之间可以充分发挥民间部门的作用,如行业协会。在资源分配方面应该发挥市场的决定作用,政府的工作在于促进或者说补充民间部门的协调机动功能,重视政府与市场之间的互动机制,而不能将政府和市场仅仅看作相互排斥或替代的主体。民间部门可以作为中介桥梁,上文下达,下情上传,在政府政策和市场主体企业的具体实践操作中起到承上启下的作用。我们在认识到市场缺陷或市场失灵现象的同时,提出解决市场缺点和市场生效的办法需要依靠各类民间组织部门的协调,民间部门在某些时候比政府更具有某些优势，尤其是民间部门能够提供适当的激励机制，也能及时处理局部信息。所以，政府的功能还应该提高改善民间部门、组织的协调能力。

（三）政府与市场关系的平衡点是什么

政府与市场关系的平衡点是寻求公平与效率的结合点。政府与市场是资源配置的两种主要机制，两者的共同目标是达到社会经济生活效率与公平的统一。源于以上共同目标和平衡点，如何更好地发挥政府与市场在资源配置中的作用就落在了追求效率与公平的完美结合上。一味地发展经济而忽略公平，最终不仅会影响市场经济的健康发展也会给政府带来更多棘手的治理问题，更不利于政府与市场的和谐共处。在政府与市场双方的作用下达到公平与效率统一是世界各国政府一直努力追求的目标，也是行政改革进行的动力与方向。

我们要做的是按照本国经济发展的实际情况，在经济发展的不同阶段，在政府和市场之间、政府干预与市场自由之间做出合适的选择。市场和政府之间的选择是相当难的，并且这种选择往往不是两个方面，也不是非此即彼，更不是简单地选择市场或者政府一方面，通常是两者之间的不同组合的选择，以及一些配置资源形式的不同程度的选择。一方面，我们在显示政府干预地位时，还要发挥社会主义国家政府的行政管理作用；另一方面，现在的政府已经不仅是一个简单的政管组织，还是一个社会经济组织和社会服务组织。"政府行使着重要的经济角色，与个人组织、民间组织相比，政府可以看作是经济组织或具有鲜明优缺点的组织"。

三、为何要处理好政府与市场的关系

处理好政府与市场的关系是科学发展观的客观要求，也是习近平新时代中国特色社会主义思想的客观要求。

（一）处理好政府与市场的关系是科学发展观的客观要求

由于市场经济有着它固有的缺陷，特别是新自由主义经济发展模式已经完全不适应极大提高了的社会生产力状况，其破坏性愈来愈严重。更为关键的因素是，由于全世界的资源状况日益紧张，生态状况日趋恶化，社会矛盾日趋尖锐。这个矛盾在20世纪还不太明显，但现在解决资源问题已成为全世界迫在眉睫的紧急任务。实现可持续发展已成为当务之急，在我国，最初反映这种客观现实的理论成果是科学发展观。党的十八大报告指出："科学发展观是马克思主义同当代中国实际和时代特征相结合的产物，是马克思主义关于发展的世界观和方法论的集中体现。"中国实际是指自觉贯彻社会主义以人为本的核心思想和迫切要求，国民经济的全面协调可持续发展；时代特征是指与20世纪前一时期不同，当前资源紧张、环境破坏的状况已成为严重威胁人类生存的现实，要求必须建立资源节约型和环境友好型的社会。如任社会生产继续盲目扩大生产，将直接造成毁灭性后果。

（二）处理好政府与市场的关系是习近平新时代中国特色社会主义的客观要求

中国目前进入了新时代，十八大报告明确地指出要全面深化经济体制改革，"经济体制改革的核心问题是处理好政府与市场的关系，必须更加尊重市场规律，更好发挥政府作用""更加尊重市场规律"当然是非常重要的，因为不依照市场规律行事，就不可能利用市场机制为发展社会主义生产力服务。重要的是，十八大强调了"更好发挥政府作用"。这有很强的针对性。十九大报告中继续提出了"使市场在资源配置中起决定性作用，更好发挥政府作用"，提出了"坚持去产能、去库存、去杠杆、降成本、补短板，优化存量资源配置"。中国经济发展以来，长期的主流观点认为，"计划是弥补市场缺陷的必要手段"。这种理解和表述显然不适应新时代中国特色社会主义的要求，因为为了保证经济社会的科学发展，在资源配置上最根本的不能是依靠市场的自发性，而必须是对整个经济的有科学预见的计划的引导和强有力的实施。这只能靠发挥代表全社会利益的政府的指导作用。当然，在资源配置的大的目标和方向确定后，具体贯彻实施时，在现阶段还必须重视尊重市场规律，充分发挥市场机制的激励和一定范围的调节作用，以有利于整体目标的实现。这是社会主义市场经济体制的特有经济发展模式，是与资本主义市场经济模式的根本区别所在。把政府的管理经济的职能只归结为弥补市场的缺陷，这显然是把矛盾的主要方面与矛盾的次要方面颠倒了。这是资本主义市场经济模式的特征。我们不应该把资本主义市场经济模式当作市场经济一般，更不能把它当作我们经济体制改革的目标。

改革开放40年了，中国进入了新时代。尽管社会主义公有制和市场经济的关系在我们看来是很清楚的，但从理论界的状况看，不少人把二者的基本关系颠倒了，模糊了改革的主要方向，进而也就不能提出真正有利于科学发展的对策和措施。他们没有真正理解邓小平的建立社会主义市场经济体制的科学思想，错误地理解了经济体制的实质，没有把改革看作是一种创新，是创造一种新型的中国特色社会主义的管理经济的模式，而理解为要在中国"复制"资本主义市场经济模式。所以从某种程度上讲，在新时代的中国，市场决定资源配置也是中国特色的资源配置模式，既不能走资本主义国家经历过来的老路，也不能不借鉴它们资源配置的模式。我们应该科学正确地处理好政府与市场的关系，建立中国特色的市场决定资源配置模式。

第五章 建设有所为而有所不为的政府职能机制

如何建设一个有所为而有所不为的政府机制,在供给侧结构性改革下市场决定资源配置的过程中,是一个非常重要的命题。这就必然会涉及政府的职能。

第一节 政府职能的转变

一、政府职能的起源和基本内容

我们在探究政府职能转变时,首先应该弄清政府的起源,以及政府职能包括哪些基本内容,这是我们研究的前提性问题。

社会契约论代表人洛克认为:政府起源于"人民为了克服自身和财产安全,便相互订立契约,自愿放弃自己惩罚他人的权利,把他们交给他们中间被指定的人或少数人的集体,按照社会全体成员或他们授权的代表所一致同意的规定来行使"。这个集体最初就是政府。

"政府,作为一种实现最优资源配置的机构,其存在会减少人数众多时获得个人关于公共物品等所需要的交易成本和谈判成本"。人们最终选择了由政府制定、保护和强制执行以产权为核心的社会制度,因为政府承担这项职能的成本比其他任何组织的成本要低。

政府的存在引发了政府必须履行职能。亚里士多德曾说:只有能够维护公共利益，保证人们过上优良生活的政府才是正义的善的政府。政府应履行的一些重要职能有：负责市场管理、监护城区公共财产、维护并修理遭到损害的建筑和街道、查察田畴、解决民间纠纷、征收并保存公共财产收益、办理民间契约和法庭解决的注册事务、执行判决、负责城防等，并指出只有具有这些功能，城邦生活才能健康发展。显然，政府职能的存在有其必要的合理性，而对于其职能对社会的干预力度，对于资源配置的方式，则是一个更值得商榷的问题。

实际上，无论是早期的现代经济先行者，还是早期的现代经济发展过程中的经济学家都深刻地意识到了政府与市场关系对政府职能界定的重要性。作为古典经济学的总结者，约翰·穆勒曾明确指出："在我们这个时代，无论是政治科学中还是在实际政治中，争论最多的一个问题都是，政府的职能和作用的适当界限在哪里。"

主流观点都认为，政府职能从理论上讲应该包含四项，即分别是经济、政治、文化和社会管理。从资源配置的角度看，政府的经济职能和社会管理职能显示了最直接的配置模式，而其他两个方面的职能也不能完全绕开资源配置这个问题，资源配置问题从始至终贯彻在政府的所有职能当中。

中国的市场经济体制构建已经取得了巨大的进展，2002 年进入世界贸易组织之后的表现更是突飞猛进。然而，随着市场经济的进一步发展，市场经济带来的各种弊端也暴露无遗，政府职能的滞后更是导致了各种社会矛盾的激化与累积。特别是以前没有出现过的私人产权冲突，以及私人产权保护对政府职能的更高要求，都使传统的国家治理结构疲于应付。中国的现代市场经济发展正在脱离自发的构建阶段，而逐渐进入了自觉的构建阶段。正是从这个意义上讲，构建新的发展型政府职能结构是现代市场经济发展的真正前提。

目前来说，一般认为中国政府具有如下几个基本职能：

（一）保经济稳定增长和收入公平、合理分配的调节职能

政府所采取的相应政策手段主要有财政税收政策和货币金融政策。其中，财税政策主要是通过所得税、财产继承税的设定、征收以及在社会福利方面的财政支出等进行收入再分配；通过财政、税收的"自动稳定器"机制及财政支出规模的扩大、收缩或提前、推后支出以及特定条件下的关税进行调节；通过公共事业支出等在一定程度上参与或调整资源配置；以财政支出来支付有关的中央及地方

政府机构提供一般行政服务和建造公共设施等；通过特别折旧等减税措施以及财政补贴，对某些产业的发展给予一定程度的支持。货币金融政策主要是通过中央银行准备金率的变化、公开市场业务操作、再贴现率调整以及作为对贷款规模直接限制手段的"窗口指导"进行货币供给量的调节和景气调节。

（二）提供公共产品的资源配置职能

政府所采取的相应手段主要是公共事业投资、基础设施投资、社会公共品或服务的提供及福利政策等。

（三）对微观领域的管理或规制职能

政府采取的相应政策措施包括：禁止垄断、共谋行为，限制不公正交易、限制企业集中等法规；经济直接规制，主要是对自然垄断、公益性领域进行有关进入、退出、价格等方面的直接管理；社会性直接规制及保护消费者政策；有关产业发展的政策；扶持"三农"政策；扶持高科技企业发展；等等。

由此可见，尽管对政府职能的内涵可以有各种各样的解读，但其本质却没有变化。

《决定》中明确指出，在社会主义市场经济条件下，政府职能应该是"保持宏观经济稳定，加强和优化公共服务，保障公平竞争，加强市场监管，维护市场秩序，推动可持续发展，促进共同富裕，弥补市场失灵"。这就清晰界定了我国政府的职能，归结起来为五大职能，即宏观调控、市场监管、公共服务、社会管理和保护环境。

基于以上政府的基本职能，在当前新时代中国社会主义的发展过程中，供给侧结构性改革下市场决定资源配置的情况下，如何建设一个有所为而有所不为的政府？政府的职能应该有哪些改变？如何更好地发挥政府的职能作用？这些问题值得我们思考。

二、中国政府职能的演变

中华人民共和国成立初期，中国政府在高度集权的计划经济的基础上建立行政系统。改革开放以前，我国政府行政职能模式是在沿用革命战争时期产生的和借鉴苏联模式基础上发展起来的，它主要是为适应高度集中计划经济体制要求而创建起来的。政府直接的行政手段广泛干预社会经济生活，行政职能过分膨胀，形成了所谓的"全能政府"或"超强势政府"的职能模式。

改革开放以来，中国的政治也和经济一样发生了变化。政府行政体制改革的重点是精简和分权化改革，实施历史性的行政分权、财政分权等一系列制度。

20世纪80年代中后期，在社会主义商品经济条件下，学术界和政治界逐渐开始讨论政府应做什么和如何做的问题。1984年，第一次确立了"政府职能"这个概念。

从历史的角度看，"政府职能"与"政府职能转变"是相伴而生的。中共"十二大"决定对行政机构进行改革，实行行政首长个人负责，以集中、迅速、有效地履行职能；在行政机构上对部门进行裁撤合并。1988年的改革进一步明确提出改革的目的是要使党政分开、政府转变职能及建立结构合理、运转协调、灵活高效的行政管理体系。

1988年党中央明确提出了政府职能转变以来，经过30年的改革探索，我国政府职能转变取得显著成效。我国政府机构的职能改革进入到改革开放以来，针对计划经济体制带来的种种弊端，在经济方面的改革主要为放宽市场主体自身所具有的调节作用，使市场在资源配置中发挥自身强大的作用。而对于政府机构的改革难以脱去其路径依赖的限制，从而出现精简—膨胀、再精简—再膨胀的问题。然而，中国以"政府职能转变"作为一项政治任务，缺乏对"政府职能"的理解。政府职能始终没有出现质的变化。

党的十八届三中全会通过的《中共中央关于全面深化改革若干重大问题的决定》指出："面对新形势新任务，全面建成小康社会，进而建成富强民主文明和谐的社会主义现代化国家、实现中华民族伟大复兴的中国梦，必须在新的起点上全面深化改革。"因此，从本质上认识到，转变政府职能是全面深化改革的关键领域，也是市场决定资源配置的关键前提。

三、政府职能转变对市场决定资源配置的重要意义

（一）政府职能转变是供给侧改革的要求

面对我国经济发展结构性矛盾突出的情况，供给侧结构性改革势在必行。推

进供给侧结构性改革,是国际金融危机发生后,综合国力发展到新时代的主动选择,是适应我国经济发展新常态的必然要求。供给侧结构性改革从形式上看主要是经济问题,如去产能、去库存、去杠杆、降成本、补短板也是供给方面的问题,但它的深层本质却与政府和市场的关系密切相关。因为造成中国目前的过剩产能的原因,主要不是通过市场机制对资源配置的结果,更多的是用行政手段配置资源所导致的产物。这种现象的后果,正是此前多年来地方政府治理的要收入、要增长、要政绩"三要"逻辑造成的恶果。因此,供给侧结构性改革,本质在于深化改革。转变政府职能,优化制度供给,释放改革红利,是供给侧结构性改革的本质要求。供给侧结构性改革对政府的职能提出了新的要求,政府职能也因此必须产生一定的转变来适应新时代中国特色社会主义供给侧改革的需要。

(二) 政府职能转变是行政体制改革的必然要求

中国行政体制改革的核心内容之一是转变政府职能,随着经济体制的改革,在新时期,中国也开始对政府职能转变进行了思考。

改革开放以来,我国政府机构经历了几次改革,几次改革虽然推动了政府职能在一定程度上的部分转变,但总的来说收效甚微,一直存在着"改革—精简—膨胀—再改革"的现象,政府部门在职能行使中普遍存在着越位、缺位和错位的现象。党的十八届三中全会提出进一步深化行政体制改革,而政府作为行政主体,其职能转变是其中的重点,政府在国家治理体系和推动现代化中都扮演着重要的角色,这使政府职能的转变变得尤为重要。因此,完成政府职能的实质转变,是深化体制改革背景之下中国政府必然的选择。近年来,随着中国社会生产力的不断发展,经济基础决定上层建筑,政治体制为适应不断变化的经济发展也要进行改革,政府职能转变也变得尤为紧迫。

(三) 加快政府职能转变的必要性

李克强总理说,转变政府职能是本届政府的头等大事。政府职能是连接政治体制、经济体制、文化体制、社会治理体制和生态文明体制的重要结点,从某种意义上讲,深化经济体制改革、政治体制改革、文化体制改革、社会体制改革以及党的建设体制改革都与转变政府职能的进程和全面正确履行政府职能的程度密切相关。

加快转变政府职能,在全面深化改革的新形势和新要求下具有极其重要的现实意义:

一是有利于推进民主与法治建设。政府职能的转变,有助于政府与社会组织、公民关系的协调,沟通协商渠道的多元化和扩大公民有序政治参与领域,同时还有助于深化行政执法体制的改革和法治政府的建设,实现依法行政、透明行政,妨碍全国统一市场和公平竞争的各种规定和做法将得到违宪性审查,使政府在资源配置的过程中公开、公正、公平,在法治的阳光下科学运行。

二是有利于建立更加完善的现代市场经济制度。政府职能的转变意味着政府与市场的边界将逐步清晰,地方保护、市场壁垒、垄断和不正当竞争的保护层将会被铲除,市场在资源配置中的决定性作用得以实现。

三是有利于"创新型社会"的建设。供给侧结构性改革的实质措施在于两个方面,一方面是制度完善,另一方面就是创新。随着政府职能的转变,政府退出微观经济领域,进而加强激励创新机制和公平竞争环境的建设,对法制的完善和对知识产权、权利的保护,制定更多政策吸引企业的创新,在资源配置方面也倾向于创新型企业,引导企业行为,将企业的逐利行为和技术创新、科学管理捆绑起来,促进整个社会的创新意识的形成和发展。

自1988年党中央明确提出了政府职能转变以来,经过多年的改革探索,我国政府职能转变取得显著成效。我国政府正在由全能政府向有限政府转变,由人治政府向法治政府转变,由封闭政府向透明政府转变,由管制政府向服务政府转变。但由于改革的复杂性和渐进性,政府职能转变的任务仍然十分艰巨。政府职能的"越位"和"错位",使政府管了许多不该管、管不好、管不了的事,行政审批事项仍然较多,市场在资源配置中的决定性作用难以有效实现,政府的"缺位",使一些应该由政府管的事却没有管到位,尤其是社会治理和公共服务提供还比较薄弱,环境保护与生态文明建设成效不彰,市场监管与保障社会公平的机制尚不健全,这些都与政府职能中配置的资源模式相关。因此,完善和发展中国特色社会主义制度,推进国家治理体系和治理能力现代化,必须加快转变政府职能。

四、政府职能在市场决定资源配置中存在的问题

随着改革开放的深入，社会和经济发展对政府的高效运作提出了越来越高的要求，与成熟的市场经济体制要求相比，还存在着较大的差距。当前，由于种种原因，虽然新一届中央领导集体以很大的决心、勇气和智慧进行政府机构改革，下大力气转变政府职能，但现实中，政府职能仍存在着问题。主要表现在以下几个方面：

（一）政府的经济职能在资源配置中存在越位、错位与缺位现象

新时代中国特色社会主义的建设中，深化经济体制改革的核心问题是处理好政府和市场的关系。总的看来，政府角色的正确定位应该是掌握方向而不是亲自操刀实践，但由于长期以来体制的"惯性"和转型时期体制一定程度的"路径依赖"的影响，政府角色转换还存在一些问题，导致政府在履行经济职能时还存在认识不清，界定不明，结果导致政府"越位""错位"，滥用经济职权，随意插手资源配置，干涉市场运行；甚至会出来有利益则管理，无利益则避开，该政府管的领域不管，不该管的却管得死死的。如对市场秩序的监管不到位，就是政府的"缺位"问题。主要表现为在市场准入方面，仍然存在着多方审批的问题。如公共基础设施特许经营项目若要获得许可，往往需要获得财政、规划、土地、市政、交通、环境等多个管理部门的通过，程序繁琐，成本高。市场经济是法治经济，为维护公平诚信的契约精神，政府应满足正常市场秩序所需的制度供给和维护。从当前看，一方面，规范市场秩序的法律法规还不健全；另一方面，一些政府职能部门的管理能力不强。监管不到位使不正当竞争、制假售假、违反知识产权等违法行为扰乱了市场秩序，使得市场在资源配置中的决定性作用受到很大限制。如，自 2008 年波及世界多国的金融危机发生时起，中央政府立即实施了积极的财政政策与适度宽松的货币政策，加强了政府对市场经济的宏观调控。这种宏观调控在一定时期、一定程度上起到了作用，但与此同时，它也伴随着副作用，因为这样的宏观调控太过于依赖行政手段，弱化了法律手段和经济手段的采用。

以上这些都导致了在资源配置过程中存在着许多政府越位、错位与缺位的问

题。这表明政府与市场、社会的关系还未完全理顺，而理顺关系的关键在于在政府角色定位上。同时，要持续改革行政审批制度，政府要切实进行简政放权。

(二) 政府与市场的关系在资源配置中尚未完全理顺

当前，中国政府与市场的关系尚未完全理顺，政府职能对微观经济领域的干预过多。社会主义制度要求发挥国有经济主导作用，要求政府对国有经济进行有效直接管理，因此，政府部门必然会过多地参与到国有企业的生产经营活动中，对国有企业的人事安排、经营管理进行直接干预。此时，政府经济职能必定会影响到国有企业的自主权和市场作用的发挥，阻碍了市场决定资源配置的目标。此外，长期以来传统"全能型"政府观念根深蒂固，使政府在行使经济职能时，存在"理性经济人"的行为倾向，为了实现和维护部门利益而滥用经济管理权力，难以拒绝"审批经济"的利益诱惑，对企业生产经营活动过多干预，限制了市场机制的充分发挥，弱化了市场在资源配置中的作用。

(三) 资源配置的不均衡导致收入差距扩大

中国自改革开放40年以来，国民经济持续高速增长，但在经济发展过程中收入差距也扩大了，最近几年来基尼系数居高不下。地区之间、城乡之间、行业之间、不同的社会阶层之间的收入差距越来越大，表明资源配置的结果并没有实现和体现出二次分配的公平性。同时，中国的医疗、养老等社会保障制度也存在着不尽完善的地方，公共服务的提供缺乏公平性，城乡享有的公共服务不均衡，差异大；农村的基础设施建设、公共服务水平与城市还有很大的差距。因此，作为调节国民收入再分配的重要手段，社会保障的功能没有得到充分发挥，在国民收入再分配过程中，低层次的社会保障水平并不能很好地缩小收入分配差距，导致这些的原因，归根结底还是由于资源配置的不均衡。

(四) 政府行政行为在资源配置方面存在理念的偏差

改革开放以来的40年间，以经济建设为中心，以GDP为衡量标准一直是我国政府工作的主流指导思想，忽略了社会全面进步、公共医疗卫生等公共社会问题，从而暴露了政府公共服务意识不强的弱点。相关的服务主体服务意识还尚待提高，"法定职责必须为，法无授权不可为"缺乏合理的绩效评估机制和责任追究机制。指导思想理念上的偏差导致了在实际工作中，政府官员的考评、政府工作的重心都倾向于经济建设，从而致使各地方政府为了自己的政绩，用各种政府行政行为强行介入资源配置，使这种"唯 GDP 论"的做法并没有实际起到建设地方的效果，甚至可能在一定程度上损害了老百姓的利益。

当前，在我国社会主义市场经济发展过程中，总的来说是强政府、弱市场。不少政府职能部门由于部门利益，会死抱住权力不放，理念上无法适应市场经济发展的要求，政府手中集中了太多的权力，尚不能全部进行高效、合理的使用，市场在资源配置中的决定性作用难以得到真正发挥。理念指导行为，在自身利益上难以割舍，对部门权力的下放，速度太慢，效率太低，水分太多，与民争利的现象屡见不鲜。

五、"有限政府"是政府职能转变方向所在

在中国经济发展的不同时期，政府职能有着不同的范畴，必须与时俱进，在不同的发展阶段进行不时的调整。随着社会主要矛盾的变化，中国进入了新时代，经济基础决定上层建筑，中国的社会生产力在改革开放 40 年以来得到了极大的发展，政府职能亟须调整。在供给侧结构性改革下，政府自身的职能定位十分重要，必须转变政府职能来适应市场决定资源配置的需要。

根据前文对政府职能在市场决定资源配置中存在的问题进行分析后，我们可以很清楚地看到，有限政府是现代政府职能转变的趋势所在。要改变计划经济时代"全能政府"传统模式，减少政府对市场的过多干预，建立具有广泛社会参与的有限型政府。而中国作为世界上最大的发展中国家，处于深化改革时期，政府作为政治体制改革的重点，应结合自身国情，借鉴西方国家发展经验。从中国政府目前的职能看，有限政府是未来政府职能转变的主要方向。中国上下五千年都是一个高度集权的国家，即使到了近现代社会，形成了现代政府体制，过于集权仍是政府职能的弊端。有限政府也不是绝对的有限，它能使权力的扩张得到有效而及时的停止和纠正。未来中国政府应逐步放开权力，缩小职能范围，由全能政府向有限政府转变，以适应社会发展。

（一）有限政府的理念和要求

"有限政府"是指政府自身在规模、职能、权力和行为方式上受到法律和社

会的严格限制及有效制约。有限政府的理念,无论是理论还是实践都起源于西方发达国家。

基于政府与公众是一组契约关系,公民将权力授予政府,但并没有将所有权力都转让,而保留了相当一部分,所以政府天然是有限的。

有限政府的实质,是建立在市场自主、社会自治的基础之上。只有这样的政府,才是与自身能力相契合的。从一定程度上讲,政府应有自知之明。意识到自身能力的有限,是理性确定政府职能边界的前提。

现代政府应将自己定位于"全能"与"无为"之间,做到有所为、有所不为。事实上,只有当政府秉持了有限型的价值基准,才能将自身能力范围内的事情做好,并使自身能力得到最大限度的发挥。

有限政府的实现,关键在于建立一个法治政府、服务型政府。

(二) 有限政府的关键点在于建立法治政府

十八届四中全会明确指出,要推进机构、职能、权限、程序、责任法定化,实施行政权力清单制度,政府部门要切实做到法无授权不可为,行政机关不得法外设定权力,没有法律法规依据不得作出减损公民、法人和其他组织合法权益或者增加其义务的决定。

(1) 实现政府职能转变,关键是建立行之有效的法治政府。政府权力带有强制性,失去控制的权力,暴烈且危害巨大。为了防止权力的过分集中和权力滥用,必须有效制约政府权力,方法之一就是以法律法规来限制政府权力。政府权力具有强制性,必须以强制来制强制,要加快政府法治建设,强化政府法治意识,在法律与制度框架内依法行政,实施政府对经济的调节作用。现代政府一般都是通过立法机关进行权力配置,政府权力的获得和调整是国家机关通过宪法和特定的法律展开的,政府自身不能自我随意扩充权力。法治之下的权力是一种有限权力,严格依法行政的政府才能成为真正的有限政府。

(2) 宪法和法律划定了法治政府行为的明确界限,合理配置和有效制约政府权力。从权力的角度分析,政府职能与政府权力的分配息息相关。政府行政权力的行使受到法律的限制和约束,政府职能的设置受到法律的规定,政府机构的规模受到法律的约束,所有这些都是一个有限的框架。通过法治来加强对政府行政权力的监督，使得现代法治政府的职能既不越位，也不缺位，保障人们的合法权益而不是去侵害。

（3）法治政府在履行资源配置职能时必会运用法治思维和法治方式进行行政，从行为到程序、从内容到形式、从决策到执行都坚持符合法律规定，让行政权力在法律和制度的框架内运行成为一种必须及必然。

（三）有限政府的落脚点在于实现服务型政府

中共十七大报告明确提出了建立服务型政府的目标，并把公共服务和社会管理放在更加重要的位置。习近平同志指出："更好发挥政府作用，不是要更多发挥政府作用，而是要在保证市场发挥决定性作用的前提下，管好那些市场管不了或管不好的事情。"

（1）"服务"指的是理念而不是手段。服务型政府的建立首先要转变政府的执政理念。执政理念的转变，能够增强地方政府转变职能的内在动力。首先，必须抛弃传统官僚式的管制政府，在当前的中国，官本位、政府本位、权力本位的传统管制型政府执政理念仍然很强，应树立起公民本位、社会本位、权利本位的服务型政府执政理念。而转变执政理念，树立服务行政理念，强化公共服务意识，增强服务工作效能，提高服务工作水平，已经成为转变政府职能的首要问题。其次，要积极开展相关的培训，提高公务员的服务意识；紧抓队伍建设，构建服务型政府。

（2）服务型政府以公共服务为重要的服务内容和目标。政府应实现由过去重管理轻服务、以政府为中心到注重公共服务为中心的转变。建设有限政府的落脚点是建设服务型政府。服务型政府建设就是要求以公民和社会为本位，把政府职能转到社会管理和提供公共产品及公共服务上来，在资源配置方面倾向于在公共产品和公共服务领域更多干预。

（3）服务型政府需要完善的民主制度和社会监督机制。从西方国家政府职能演变的趋势看，其相对完善的宪政民主制度和社会监督机制在相当大程度上保障了政府职能转变过程中权力的合法运行和对贪腐问题的及时有效惩处，从而为服务型政府建设提供了政治基础和制度保障。

此外，服务型政府必然还是有效政府、责任政府、透明政府、廉洁政府，全心全意地为全社会、为人民群众提供高质量、高效率的公共服务。

(四) 有限政府的着重点在于处理好与市场以及社会的关系

党的十八大报告提出,"经济体制改革是全面深化改革的重点,核心问题是处理好政府和市场的关系,使市场在资源配置中起决定性作用和更好发挥政府作用。"处理好政府和市场的关系,使市场在资源配置中起决定性作用和更好发挥政府作用,是推进供给侧结构性改革的重大原则。经济体制改革的核心问题仍然是处理好政府和市场关系。

除了要处理好政府与市场的关系,还要处理好政府与社会的关系。因此界定好政府与市场以及社会的关系和各自的作用范畴,正确处理政府与市场和社会的关系,才能真正做到政府职能的转变,使政府职能"到位、不越位、不缺位、不错位"。

(1) 简政放权,向市场归还越位的权力。正如李克强总理所说,要把简政放权作为政府职能转变的先手棋和宏观调控的当头炮。政府要以削减行政审批项目为突破口,简政放权,持续释放政府行政权力,加快健全宏观调控体系,退出微观经济领域,更多地运用经济手段和法律手段调节经济活动。进一步改革行政审批制度,切实减少行政审批手续和程序,把本应属于市场和企业的权力真正退还给市场和企业,大幅度减少政府对资源的直接配置,推动资源配置依据市场规则、市场价格、市场竞争实现效益最大化和效率最优化,让市场真正发挥配置资源的决定性作用,有效推进全面深化改革。

(2) "小政府,大社会",赋予社会更多自治权力。马克思曾经说过,"社会把国家的政权重新收回,把它从同指社会压制社会的力量变成社会本身的生命力",根据巴黎公社的经验,马克思提出了"小政府、大社会"的设想。通俗来讲,"小政府、大社会"是指在社会活动中弱化政府的职能。

我国由于传统的专制政体和中华人民共和国成立后高度集权的政治经济体制的作用,社会长期以来一直是"强国家(政府)、弱社会"的社会形态,导致社会自治力量弱小。要进一步理顺政府与社会的关系,充分发挥社会自我管理、自我服务、自我协调等功能。社会能办的,多放给社会。扩大民主自治的权利和范围,权力下放,提高社会治理的积极性。同时,加强对政府权力的监督,保证政府权力运行的透明化。让民众参与到治理过程中，也有利于民众意愿的真实表达，政府在制定相应的政策体制时能切实把握民众的切身需求，制定出符合民意、民心所向的政策体制，弥补市场决定资源配置中对公共服务资源配置的不足，让资源流动更趋科学合理，解决好当前中国社会的主要矛盾，即人民日益增长的美好生活需要和不平衡不充分发展之间的矛盾。

（3）基于前述的政府放权，有利于建立有效政府。政府职能转变的目标也是为了建立有效政府，通过政府职能的转变，放权于市场、还权于企业、转权于社会，关键是以群众需求为导向、以激发市场和社会活力为目标，打好简政放权、放管结合、优化服务的"组合拳"。释放政府权力，将市场和社会自身可以解决的问题赋予它们自治的权力，政府只集中在市场和社会管不了和没法管的领域范围内。避免权力过于集中而导致腐败，充分发挥企业、市民与社会组织自我管理作用，减轻政府管理范围太广的负担，更好地集中力量办大事，提高社会和市场的自治能力，对于民众的主要需求和大问题，政府能够集中更多的时间和精力去满足及解决，市场、企业和民众自身的组织能力和调节能力也得到相应的提高。政府的管理活动涉及广泛的方方面面的人和事，需要协调的范围越大，政府的精力越分散。政府权力释放，市场和社会能够运用各自机制解决部分难题，政府不用事无巨细，都来插手，既极大降低了对政府的依赖性，又降低了政府管理时间和精力的成本，使得政府部门能够集中精力管理大事，抓大放小，行政效率就会得到极大的提高，同时也更加符合新时代中国特色社会主义国家的发展与需求，让市场更高效、更自主地决定资源配置。

第二节　社会主义国家现代国家治理

党的十八届三中全会提出，"完善和发展中国特色社会主义制度，推进国家治理体系和治理能力现代化"是全面深化改革的总目标。推进国家治理体系和治理能力现代化，也是政府职能转变的目标。

一、古今中外推进国家治理现代化的历史演化

推进国家治理现代化是习近平新时代中国特色社会主义思想的规律和要求。

(一) 治理的历史起源

治理一词早在13世纪的法国就已经出现。起初的意思相近于"统治、政府"以及"指导、引导"。1989年,世界银行在《撒哈拉以南非洲国家问题的报告》中明确指出,"治理"就是"为了发展而在一个国家的经济与社会资源的管理中运用权力的方式"。这是最早将现代意义上的治理概念明确引入到国家治理中来。1995年,联合国全球治理委员会在《我们的全球伙伴关系》的报告中,对治理给出了定义:所谓治理是各种公共的或私人机构管理其共同事务的诸多方式的总和。它是使相互冲突的或不同的利益集团得以协调并且采取联合行动的持续过程。

纵观人类社会发展的历史,我们可以看到,现代意义上"治理"一词出现是经济政治社会发展到一定阶段的必然产物。现代社会环境已经发生了质的变迁,社会学者阿兰·图雷纳认为,"我们当前生活的环境已经完全不同于过去曾经长期存在的环境;那时,经济因素导致社会冲突,然后通过法律或合同解决这些冲突。这种一般被称为社会民主模式的做法已经不再符合现实。这些就是我们面对的问题:体制、社会和文化的纽带纷纷断裂;个人主义被放了出来,享受、寻欢逐乐、个体化被放了出来。于是我们目睹愈来愈多的冲突发生,在全球、国家、地方和个人的层次上,在对个体化的不同理解之间"。

治理理论最早是用来描述发展中国家的政治状况,但后来被广泛应用于经济社会领域,指称一种互动的而非单向的管理关系。治理理论的主要创始人罗森瑙在其代表作《没有政府统治的治理》和《21世纪的治理》等文章中将治理定义为一系列活动领域里的管理机制,它们虽然未得到正式授权,却能有效发挥作用。

(二) 中华人民共和国成立后中国在国家治理领域的发展演进

《决定》中将"现代国家治理"表述为"国家治理体系和治理能力的现代化"。所谓"现代化",是需基于不同经济体横向比较而得出的概念,具体而言,是放眼全球,经过与各国发展横向比较后进入文明发展前列状态的判断。

回顾中国共产党人执政阶段,对于"实现现代化"的历史性、战略性取向,

始终是坚定不移的。启动"一五"计划之后，毛泽东曾经在1956年前后反复讨论怎么样发展更快更好些，并在讨论过程中形成了《论十大关系》。中国在20世纪60年代告别"三年困难时期"后，在人民代表大会上，周恩来总理明确宣布了总体奋斗目标，即20世纪末（指2000年）我们要实现工业、农业、国防和科学技术的现代化，简称"四个现代化"。1979年后，邓小平设计勾画了现代化伟大民族复兴"三步走"战略，提出了2050年前后中国要以主要人均指标达到当时中等发达国家水平而实现现代化的宏伟奋斗目标。当2000年第二步目标（"翻两番"）提前实现之后，中国经济发展又在近年跃至世界经济"第二位"，那么2050年实现第三步目标就成为十八届三中全会提出"现代国家治理"面对的最实质性问题。习近平总书记已把中国现代化"三步走"战略目标凝结为"中国梦"的生动概念，新时代中国特色社会主义理论与一百多年志士仁人的主流追求和孙中山、毛泽东、邓小平的现代化战略思维是一脉相承的。

二、社会主义国家现代国家治理的必然趋势

随着全球化的进展和当代人类生活方式的变迁，人类生活的重心正由政治领域转向社会经济领域，政治过程的重心逐渐由政治统治转向公共管理，相应地韦伯的理性官僚制理念正逐渐让位于治理理念。"所谓治理，是指各种公共的或私人的机构和个人管理其共同事务的诸多方式的总和。它是使相互冲突的或不同的利益得以调和并且采取联合行动的持续的过程。这既包括有权迫使公众服从的正式制度和规则，也包括人们同意或认为符合其利益的各种非正式的制度安排"。

现代治理的出现是政府与市场关系演进的必然结果。治理意味着20世纪后期以国家为基本依托的统治体系开始动摇。政府、市场和社会的关系调整已是大势所趋。面对社会资源配置中市场的失效与国家治理经济的失败，仅仅以市场手段或者仅靠国家的计划和命令等手段都无法达到资源配置的最优化；特别是在国家、市场、社会关系发生根本性变化的情况下，治理理论日益被重视，治理理论是针对"市场失灵"与"政府失灵"问题而再度被提出的，以弥补国家和市场在控制和协调管理中的缺陷和问题。

尽管治理理论仍在探索之中，但它强调一种合作的互动过程，试图寻求一条

新的管理公共事务的技术路线为指导政府公共管理服务。

改革开放40年过去了，中国经济总量已上升至世界排名第二位之时，人均GDP却仍排在世界第一百位左右，由此可见，如果中国再经过30多年的奋斗，能够以世界第一人口大国的身份达成人均指标排名进入前20位左右（即中等发达国家水平），再加以其他现代化要素，综合国力在全世界各国中将势必名列前茅。这一"后来居上""后发先至"的现代化赶超战略，是中国"伟大民族复兴"的核心内涵。

中国的现代化过程十分明显，明史以借鉴，从古今中外各国的发展路径看，中国既不能走历史上某些经济体大量海外殖民之路；也不能走"剑走偏锋"的军国主义之路，只能在全面开放框架下走与全世界双赢合作的经济社会和平发展之路，通过"三步走"来抵达"中国梦"的战略设计。

然而，当前中国迈入了新时代，正站在历史发展的新起点上，民族复兴的实现越来越近，同时却出现了凸显矛盾，从"物"的角度，遇到了资源如生态、环境和自然的制约，从"人"的角度，面临着如收入分配、财产配置方面等不公。社会主义国家现代化治理的理念和实践已经提到议事日程上来，它是在中国人过去所有的追求和逐步形成的现代化认识基础之上，承前启后、聚焦到全面改革取得决定性成果与"中国梦"愿景追求之上的。必须借助于社会主义国家现代国家治理方略进行全面深化改革，实现民族复兴。

三、社会主义国家治理现代化的内涵及目标

"治理"与"管理"虽一字之差，但内在逻辑与导向却明显不同，调控管理是指政府掌控所有资源配置的权利，居高临下、自上而下掌控进行行政管理的框架，而治理则要求有多元主体多元化共同支撑经济发展，充分发挥市场决定资源配置的功能，发挥社会自我管理的能力，形成最大包容性的发展所匹配的制度安排和机制联结。治理体系包括管理和自管理，调控和自调控，组织和自组织，更为注重的是发挥市场和社会的主观能动性，以充分调动各方面的积极性和一切潜力、活力。

党的十八届三中全会通过的《中共中央关于全面深化改革若干重大问题的决

定》中明确提出，完善和发展中国特色社会主义制度，推进国家治理体系和治理能力现代化是全面深化改革的总目标。可见，从国家建构理论看，国家治理现代化包含国家治理体系现代化与国家治理能力现代化两个方面。

(一) 社会主义国家治理现代化的内涵

国家治理现代化体现了未来中国治理体系改革的全新治理理念。其内涵主要指以下几点：

(1) 治理技术科技化。利用现代化的信息技术手段提高对市场和社会的监管能力。

(2) 治理结构网格化。即由层级节制的科层制管理向多主体协作的关系网格化治理转变。

(3) 治理方式法治化。以法治权力保障企业和公民的基本权利，维护社会发展和人民生活的现实秩序，促使以法理型权威为基础的国家政治生活日益制度化与程序化。

(4) 治理主体多元化。即政府、市场、社会多主体在管理国家和社会公共事务中相互协作、共同治理。治理需要政府与多元社会主体的共同合作，而政府在其中主要是掌舵而不是划桨。社会管理的价值取向是社会公正，决定了它需要日益分化的多元利益主体的共同参与，合作协商，促成社会管理问题的解决和公共服务的实现。

(二) 社会主义国家治理现代化的目标

我国国家治理现代化的努力目标主要涵盖了以下三个方面的内容：

(1) 市场决定资源配置型政府。改革开放40年以来，我国逐步放弃计划经济走上市场经济之路，从"让市场发挥基础性作用"到现在的"让市场起决定性作用"，是符合社会主义市场经济发展的客观规律的，让市场决定资源配置的市场经济运行状况是我国经济持续繁荣与稳定的关键。

(2) 公开、公正、公平的市场体系。这个治理现代化目标不能简单地等同于资本主义国家追求优胜劣汰的所谓完全自由竞争状态，也不是只停留在形式或程序上的平等，而是在相关完善的法律制度下的平等，致力于消除各种影响公平竞争的潜在因素，特别是解决政府"越位""错位"的问题，依靠法治来规范政府行为，不与民争利，使市场在资源配置中真正发挥决定性作用。

（3）合作治理型政府。推进合作治理，推进治理体系现代化。多元社会主体也能够发挥自身资源优势，与政府取长补短，合作共治，从而降低公共管理成本和优化管理效果，这有助于推进国家治理体系和治理能力现代化。

一个理想的社会治理模式应该是政府、市场与社会充分发挥各自的优势，在公共管理与公共品供给中相互配合、密切合作，最高效率地实现各种资源科学合理的分配，最大限度地满足公众的社会需求。这里的合作型社会，主要体现在两个方面：一是政府与企业、社会形成良性互动关系，三者是以一种合作而不是非此即彼的理念来处理公共事务；二是在政府、市场与社会三者关系的互动中，发挥各自不同的独特作用，形成一种新型合作和互补供给方式，因为这三者在公共物品的供给中各具优缺点，仅靠某一种方式很难实现公共品的有效供给，因此，这是未来理想社会治理的主要目标。

第三节　供给侧改革下更好发挥政府作用的其他因素

在供给侧改革下要让市场决定资源配置，更好发挥政府作用，必须要做到以下三点：

一、政府公信力的建立和加强

改革开放40年以来，社会主要矛盾已经发生了转化，尽管政府为社会提供公共服务的水平不断提高，范围不断扩大，供给不断增加，但相比高速发展的经济，还是存在着公共服务发展滞后、公共投入短缺、供给总量不足、分配不平衡等诸多问题。其中部分问题的形势还相当严峻，比如社会分配不公的问题。这些问题造成了相当一部分公众无法享有或很难平等地享有社会保障、医疗卫生、教育等政府应该提供的最基本的公共服务。这些都会导致公众对政府的评价和满意度的降低，政府的公信力也会受到巨大的负面影响。

十八届三中全会中明确提出："转变政府职能，深化行政体制改革，创新行政管理方式，增强政府公信力和执行力，建设法治政府和服务型政府。"十九大报告指出，要"转变政府职能，深化简政放权，创新监管方式，增强政府公信力和执行力，建设人民满意的服务型政府"。

增强政府公信力和执行力，已经成为政府职能转变和在市场决定资源配置中更好发挥政府作用的一个非常重要的方面。

（一）政府公信力的内涵和意义

作为始于新闻传播学领域的一个概念，公信力最初指的是新闻媒体获得社会的认可、信任或赞誉的程度。而由此延伸开来的政府公信力，则是指执政的政府获得人民的拥护和信任支持的程度。"政府公信力"是一个来自中国人原创的概念，而不是来自英语中的"公信度"。改革开放40年来，早在十三年前，2005年的国务院政府工作报告中就曾有"要以努力建设服务型政府为目标，大力推进政务公开，增强政府工作透明度，提高政府公信力"的说法。这样一来，"政府公信力"一词首次得到了正式确认。

1. 政府公信力的内涵

政府公信力的内涵在于：政府掌握了公共权力，如果能在施政过程中合理地分配资源，有效地履行其职能，就能获得公众对其的信任。即如果政府代表和服务于人民的利益，则自然会赢得人民的信任与拥护。反之，如果政府与人民大众的期望相背离，自然会失去公众的信任乃至执政的合法性。可以说，政府公信力是一种特殊的、综合性的社会资源。而政府的主动作为正是政府公信力的主要来源。我们知道，一个政权能够建立正是因为它代表了一部分阶层的利益。因此它在建立之初便拥有一定的公信力。但是，这种初始性的公信力往往是短时的，如果政府在施政过程中不能有良好的主动性作为，这种公信力便不具有持续性和稳固性。因此，政府公信力的建设需要持之以恒的努力。

政府公信力涉及两个主体：信用方（即政府），信任方（即社会公众）。它包含公众对政府的信任和政府对公众的信用，其中政府信用是政府公信力的核心内容。政府信用是社会组织和民众对政府信誉的一种主观评价或价值判断，是政府行政行为所产生的信誉和形象在社会组织和民众中所形成的一种心理反应,它包括民众对政府整体形象的认识、情感、态度、情绪、兴趣、期望和信念等。

2. 加强政府公信力的意义

(1) 政府公信力是政府的执政能力和执政资源。政府公信力是政府执政的基础,如果缺少了公信力,就缺乏了群众的信任,在具体落实相关政策过程中,难以顺利展开推进政策的实施。政府公信力也是政府的执政资源,这是一种特殊的社会资源,在当下具有相当热门的关注程度。以该社会资源为基础,在具备了一定公信力的前提条件下,政府的执政能力才得以有效发挥,才具体可实践、可操作。

(2) 政府公信力是政府职能转变的前提。政府职能转变的最终目的是发挥政府执政能力。而发挥这一能力,若缺少公信力就很难得以实现。因此,加强政府公信力是展开政府职能转变的重要前提,也是关键因素。

(3) 政府公信力是对政府行政能力的评判结果。政府公信力是政府的影响力与号召力,它是政府行政能力的客观结果,体现了政府工作的权威性、民主程度、服务程度和法制建设程度;同时,它也是人民群众对政府的评价,反映了人民群众对政府的满意度和信任度。政府作为一个为社会成员提供普遍服务的组织,其公信力程度通过政府履行其职责的一切行为反映出来,因此,政府公信力程度实际上是公众对政府履行其职责情况的评价。

(4) 政府公信力直接决定了有效政府的建立。如前所述,政府公信力涉及两个主体:信用方(即政府),信任方(即社会公众)。它包含公众对政府的信任和政府对公众的信用,也就是政府和公众双方的作用力和反作用力。政府公信力的提高体现出民众自愿地配合政府行政,这种自愿配合,将会极大地减少政府的公共管理成本,提高公共行政效率,是现代民主和法治条件下的责任政府的重要标识。政府公信力体现政府的信用能力,它反映了公民在何种程度上对政府行为持信任态度。政府公信力的强弱,取决于政府所拥有的信用资源的丰富程度。这种信用资源既包括意识形态上的(如公民对政府的政治合法性的信仰,公民对政府制度及公共选择过程的公正性、合理性的认可程度等)、物质上的(如政府的财力),也包括政府及其工作人员在公民心目中的具体形象等。

(二) 加强政府公信力的路径选择

政府公信力是指政府各级管理在实际颁布指令和履行职责功能中获得群众信任以及对自己信用评价的判定。政府公信力的程度如何？有何判断标准？可以以下四点为依据，对号入座。政府公信力可从四个方面看：

一是政府应是负责任的政府。

二是政府应是以公民为本位的服务型政府。

三是政府应是依法行政的政府。

四是政府应是透明的政府。

根据以上四个方面，我们可以针对性地加强政府公信力，促进诚信政府建设。

1. 转变政府职能，提升政府公信力

在对有关提高政府公信力的路径研究中，追溯问题的本源还是要通过转变政府职能来进一步实现。因为政府职能转变不到位是公信力弱化的主要原因，转变政府职能是提高政府公信力的出发点和着力点，转变政府职能和提高政府公信力是一种相辅相成的关系。在转变政府职能中之所以能够提高政府公信力主要是因为政府的公信力问题都发源于政府职能转变中，在转变政府职能的过程中可以有效提高政府的公信力。

一方面，必须发挥原职能的服务优势，保证公信力不会受到职能转变的影响。克服和避免以下情况：由于政府职能转变使得很多以往应该有的政府规划内容产生改变，比如，以往在处理问题方面表现较好的一些具体职能很受百姓认可，但因为职能转变，在原基础上或多或少地改变了职能内容，这使得打破以往职能的使用平衡，而这种落差很容易引起群众对政府的公信力降低。

另一方面，要在政府转变职能过程中破解影响政府公信力的方面。针对在职能转变中存在的漏洞和容易影响公信力的问题，可对应做出内容策划，优化相关管理制度，促使政府公信力的提高。在我国进入新时代的同时，改革开放40年带来的敏感问题、触及的利益矛盾也较之之前复杂化，社会公平正义成为民众日益关注的问题。政府要行使职能，维护社会公平正义，正确处理民众内部矛盾和其他社会矛盾，激发社会活力，协调社会各个阶层群体的利益，提高政府公信力。

2. 关注民生,建立服务型政府

首先,要加强政府的作风建设。一定要克服政府里存在的单边主义,即一切政府"说了算",如信用缺失,表里不一,糊弄群众;工作中随意性强,缺乏连续性;工作态度粗暴;透明度不够等。

中国共产党的宗旨就是"为人民服务",作为党的政府,应围绕这个宗旨提高政府公信力,要重点关注其民生问题,并将民生问题放在各项工作任务展开的重中之重,要格外注意克服官僚主义、官本位主义、单边主义,做到真正为人民着想,为人民办实事。习近平总书记说过,群众的事情无小事。在国家治理中,要做到公开、公正、公平、透明。只有站在人民和国家两者共同发展的统一立场上,做到国强民富,协调平衡两者关系,才能成为真正意义上的服务型政府。

其次,要创新优质公共服务。随着我国生产力的发展,人民群众对公共服务数量和质量的需求日益增长,但国家提供的公共服务却不足,两者之间的矛盾日益突显。各级政府应在经济快速发展的基础上,以改善服务民生为重点加强社会建设,继续增加公共服务的数量,提升公共服务质量,满足民众对幸福生活的期望,提供更良好的教育资源、更充足的工作职位、更稳定的收入、更坚实的社会保障、更高质量的卫生和医疗服务设施、更良好的居住条件、更干净的生态环境。

3. 完善制度,建立民主法治型政府

从制度设计层面看,政府要注意进一步加强社会主义民主政治建设。要转变政府的执政理念,以公共管理理论中的治理理念为指导,通过政府与社会的合作与协商来共同管理公共事务。政府应尽快改变过去高高在上的面貌,将权力自上而下地单一运行,转变为政府与社会上下互动的过程,大力推进政务公开,拓展与公民沟通的渠道,使公民更直接便利地表达自己的意愿。我国宪法规定,公民有参政议政的政治自由。只有在公民真正参与到公共行政的过程中,政府才能及时准确地了解公民的需求,更有效地吸纳民意,提高公共服务的质量和效率,更好地进行资源配置。增强公众对政府的了解,加强政府与社会之间的联系与合作,增强公民对政府的信任。

4. 提高素养，塑立公务人员形象

首先，每一个政府机关干部都要做到对群众守信，要真正为老百姓着想，不管是生活上还是工作上都要时刻想着如何帮助群众解决问题，尽量满足老百姓合法合情合理的诉求，政府的工作人员应当切实地履行为人民服务的原则，把工作的重心放在群众身上，深入群众与群众沟通，只有这样才能在群众心目中建立起对政府部门的信任，才能有效提高政府威望和公信力。

其次，在政府公关方面，作为政府机关的代表，更加要注重公信力的培养，在对外发言时所承诺的事情一定要做到，且相关内容要权威，言必信，行必果，以此来树立良好的政府公关形象。

最后，廉洁自律是我党传统的优良作风，更应该是每个政府工作人员所应具备的最基本的道德要求。必须要从法律制度上和思想教育上保证党员干部和政府工作人员的廉洁自律，不可贪腐，伸手必捉，严厉打击贪污腐败现象和相关领导干部。作为政府工作人员，只有在思想上和作风上保持清廉，在工作上脚踏实地，才能在人民心中树立良好的公仆形象，真正做好为人民服务的工作，提高政府公信力。

二、充分发挥地方政府职能

世界银行于1997年在其《1997年世界发展报告：变革世界中的政府》一文中对地方政府的作用做出了概括，其认为：地方政府对于国民经济发展与社会进步具有重要作用。地方政府在推动改革中具有巨大潜力，当这种潜力受到正向引导而得以发挥时，能够有效促进国家经济发展与社会建设。但是，当地方政府潜力无法发挥或受到负面引导时，则会对经济发展与社会建设起到阻碍作用。可见，我国应完善地方政府职能体系，充分发挥地方政府职能。

要想在市场决定资源配置的过程中更好地发挥政府作用，必须要从上到下地设计好各级政府职能，充分发挥好各级地方政府职能，才能够真正地实现好市场决定资源配置。当前地方政府职能在一些领域里划分模糊，存在不到位或者越位的现象，必然会影响到整个政府职能的转变和资源配置的效率。通过分析当前地方政府职能存在的问题，应针对性地解决，从而更好地发挥政府作用。

(一) 目前地方政府职能存在的问题

1. 地方政府职能划分不明确

地方政府职能界定可以从职能范畴分类与职能实行方式两个维度考虑。

从职能范畴分类来看，在2002~2008年的《政府工作报告》中将政府职能界定为经济调控、市场监管、社会管理、公共服务四大类。但这只是原则性的规定，在职能和事权划分上，我国中央和地方政府的职能划分并不明确，存在着职能界限不清晰、事权范围重叠的现象，造成了中央与地方事权划分的不稳定，留给地方政府的自由权限过大，各个省市地方政府对于职能的界定标准也参差不齐，各有标准。

从职能实行方式看，我国是单一制国家，高度集权，长期实行上管下的传统，这样的政治文化在当代依旧有很大的影响。地方政府的职能界定在很大程度上取决于"中央—地方"政府权力关系架构下的权责划分，中国是单一制国家，中央与地方职能的划分和实行偏重于行政命令，这样的职能划分和实行方式缺乏一定的定性定量分析和科学依据，相当于摸着石头过河，不断试水，出现问题再行收权或者放权的反复过程，在实践中容易陷入权力收收放放的死循环。

2. 财权与事权的不匹配

中央政府可以随时通过行政命令下放一定事权给地方，却没有给予地方政府相应的财权，在没有足够财力支撑或财力保障不充分的条件下将一些事权下放到下一级政府，导致一些地方政府承担过多的责任，直接的后果之一就是，目前我国地方政府普遍存在严重的财政赤字危机（当然这个危机和地方政府谋经济发展以谋求更大利益也有关系），尽管财权与事权不相对称，仍然以地方财政的一己之力管理应该由中央政府管理的事。

在财权划分方面，1994年中国进行了分税制财政管理体制改革，初步规范了中央和地方的财政关系，税收是财政收入的主要来源，地方政府有了收税的权力，自主性得到很大的提高。有了财政的保障，地方政府可以因地制宜地处理本地区的政治、经济和社会事务，能够有效地履行职能。2018年国务院机构改革方案提出，国税与地税合并。过去二十四年间，地方税务机构设置经历了由财税合一到国税与地税分设，由分设向合并的循环。国税与地税机构合并的改革顺应了在市场决定资源配置的条件下，提高税收管理效率、服务质量，建立更加公平公正税收治理环境的要求，可以更好发挥税收在提升政府治理效能方面的作用。但是体财权、税收如何分配？具体操作情况不明。

之前，我国确定各级政府财政的支出范围，是以中央与地方政府的事权划分为依据，以事权与财权相结合为原则。因此，在事权划分不明确的状况下，财权的分配与事权不匹配。

在财政分权与行政集权相结合的体制下，1994年分税制改革之后，地方政府逐渐从一个缺乏自留财政收入的代理人变成了具有独立经济利益的主体，但是，财政赤字却日趋严重。原因为以下三点：首先，任何经济主体都有"趋利"的本能，当地方政府作为一种经济组织时，经济是履行职能的基础，在这种情况下，地方政府便开始追求经济发展以获得更多的财政收入。其次，由于中央和地方职能划分不明确，中央政府常常通过行政命令下放事权，地方政府管得多却没有与之相匹配的财权，导致普遍存在地方财政入不敷出的问题。最后，中央对地方的转移支付制度尚不健全，下级地方政府还要面临被上级地方政府扣留财政转移支付的风险，近年来的建设热、投资热、招商热、对获取土地流转收益和兴办地方国有企业的热衷都是直接的体现。

在2018年国税和地税合并后，中央给予地方政府的财权如何，还需拭目以待。

3. 对地方职能履行情况的考核有待科学合理化

首先，对地方政府职能履行的考核，存在着考核指标单一的问题，考核主体缺乏多元化。比如，关于地方政府经济职能的指标可以通过具体数据直观地反映出来，因而容易将定量分析的经济指标作为考核的主要指标。但是，类似公共服务这样难以定性定量对象则缺乏进行科学合理的考核体系。

其次，考核地方政府职能履行情况的主体单一，即上级政府。所以存在行使地方政府职能的主管部门主管领导个体博弈。在实际操作中，主要是自上而下的考核，地方官员的晋升往往取决于上级领导的认可，而忽视服务对象——群众的意见，群众在很大程度上被排除在绩效考核的系统之外，所谓的人民满意度的调查往往也是走走形式，作为领导干部晋升极不重要的次要参考。面对这个事实，作为一个理性的地方官员,在考核压力之下,其行为必然会选择完成经济任务以博取个人的晋升机会。

(二) 面对现状如何更好地发挥地方政府的职能

可以从两个维度进行分析,一方面从中央和地方政府的关系来理清思路,另一方面从地方政府自身职能和结构进行剖析。

1. 理清从上至下的关系

(1) 实现分工明确的地方政府职能划分。在地方政府职能划分方面,梳理好各级政府上下级关系,进行多主体职能的细化划分。中央政府主要负责国民经济宏观管理与战略发展规划,从整体上进行把握。省级政府主要负责经济结构和地区布局的调整,负责制定发展规划,针对各省具体情况确定发展方向,协调统筹管理,并逐渐下放权力。北京、上海等直辖市和特大城市所在地区与省同级,职能与省类似。市级或县级政府,应负责处理基层中的具体事务,包括负责社会福利和保障政策的实施,提供最基本的公共产品和服务。各市县政府之间也可以建立竞争机制,互相促进发展。明确区分省级政府部门,市、县级政府部门的各自职能,凡属于省级部门的事务应由省级地方政府负责,属于市级的事务应由市或县政府负责处理。

另外,要加快制定和完善各类组织法律法规,更具体全面地规定中央和地方的职责权限,使中央与地方的关系做到有法可依,有章可循,避免职责多头管理、交叉管理。

(2) 改革建立事权与财权相匹配的财政体制。为了充分发挥地方政府职能,必须对我国的财政体制进行进一步改革:首先,在下达每项事权的同时,下拨相对应的财政基金,使得事权与财权相匹配,从财政上保证事项得以顺利完成。其次,建立完善的财政转移支付制度,采取一般补助和专项补助相结合的转移支付方式,同时减少、合并专项转移支付项目,增加一般性转移支付规模和比例,且中央和省政府对市县和乡镇的转移支付补助金应通过省政府直接发放,避免出现被上级政府挪用及其他情况。最后,在2018年国税和地税合并后,应给予地方政府更多的财税支配权,适当提高地方税政管理权,调动地方政府的积极性,缓解地方政府赤字困难,使地方政府能够更好地行使职能。

(3)进一步完善考核制度。首先,实行考核主体多元化。一方面,要将多元化的考核主体纳入到考核机制当中,形成自我评价、上级评价、群众评价三位一体的考核主体,最重要的是要对这三个考核主体的考核比重进行合理分配;另一方面,最好要设立独立于行政体制之外的第四方进行考核,保证考核的独立、公正、公开、透明。其次,建立长期考核和中短期考核相结合的考核机制和考核结果连带机制。考核随人走,防止在现实工作中地方官员为追求短期政绩而忽视短期内难以见效的公共服务职能,要建立长效的考核机制,减少考核受时间因素的影响,一个阶段的考核应随着官员的调任而继续可持续地进行,根据项目跟踪结果来对地方政府的职能履行进行一个相对科学合理的评判。

2. 地方政府职能自身完善

(1)优化地方政府的机构设置。各级地方政府应以政府职能的有效履行为目的,实现政府部门结构的优化,对地方政府职能部门进行科学规划。在当今这个新时代,地方政府应对各部门重新进行综合评估与职能梳理,根据梳理的结果,整合、构建、更新政府部门职能体系,在新的政府职能体系框架内,对相关政府职能部门进行增加与削减,如各级地方政府应关注建立增加上下衔接合理的政府部门;因地制宜设立其他政府部门;对于同一部门承担多种职能进行减负;或对不同部门承担一种职能的坚持一项职能由一个部门行使的原则,将职能明确划分归一个部门管理。针对需要由多部门共同完成的职责应明确主导部门与相关配合负责部门,事先划分好部门的主要责任与次要责任。同时,建立部门协调配合机制,实现部分协同治理,提高政府运行效率。对具有相似职能的交叉部门进行职能整合,以避免造成政府资源浪费。

(2)地方政府职能应从管理职能转向服务职能。地方政府职能转变更应体现其服务职能。各级地方政府应针对民众关注的热点、难点、民生性问题做出及时的针对性回应,在解决社会主要矛盾的过程中,强化地方政府部门职能,甚至还可针对普遍存在的问题建立专门的职能部门。

3. 地方政府管理方式创新

地方政府创新管理方式有利于其提高管理效率,降低管理成本,促进政府深化履行其职责。

首先，要创新政府管理理念，处理好政府、市场和社会的关系。地方政府应依据其政府发展目标对理念进行创新，积极推进市场经济改革，转变政府职能，充分发挥企业和社会的主观能动性，真正做到让市场决定资源配置。

其次，创新政府绩效考核管理。地方政府对同级政府机构进行绩效管理时，主要根据履职效率、服务质量以及实际情况实施考核管理。在绩效评价方面，结合使用政府内部评估、公众考评和专家考核等方式方法，建立一套完善的政府绩效评估结果反馈机制，实施严格的绩效问责制。

最后，对政府职能进行网络化管理。实现政府办公网络化，沟通网络化，协调网络化。使政府职能在网络化过程中，得到充分发挥，同时应建立相关的互联网监督系统，对政府职能进行全方位监督，提高政府职能的履行效率。

三、完善推进负面清单和权力清单制度

党的十八大后中央政府将负面清单、权力清单和责任清单的制定工作提上日程，要求政府晒出"权力清单"，给出"负面清单"，理出"责任清单"，做到法无授权不可为、法定责任必须为，着力构建"有限政府"和"有效政府"，也就是从法治的角度，实现政府职能的转变，确定市场决定资源配置的基调。

（一）负面清单和权力清单制度的效率

（1）负面清单的内涵。负面清单管理模式是指政府规定哪些经济领域不开放，除了清单上的禁区，其他行业、领域和经济活动都许可。目前世界大多数国家主要是在外商投资领域实行负面清单管理模式，少有在国内市场推行市场准入负面清单的尝试，而我国将负面清单管理模式从外资引入内资市场准入领域，是市场准入制度的重大突破。市场准入负面清单制度，是指国务院以清单方式明确列出在中华人民共和国境内禁止和限制投资经营的行业、领域、业务等，各级政府依法采取相应管理措施的一系列制度安排。市场准入负面清单以外的行业、领域、业务等，各类市场主体皆可依法平等进入。

（2）权力清单的内容范畴。权力清单，就是把各级政府及其所属工作部门掌握的各项公共权力进行全面统计，并将权力的列表清单公之于众，主动接受社会监督。具体说来，权力清单主要包含两层意思：一是明确权力边界，即政府该管

什么，不该管什么，哪些该审批，哪些不该审批，到底有哪些程序和流程等，都用制度形式定格下来，让政府"法无授权不可为"；二是实行政务公开，即权力清单不是内部掌握，而要求"晒"出来，置于公众和社会的监督视野之下。

（二）负面清单和权力清单目前的推行现状

（1）负面清单的推行状况。2015年，《国务院关于实行市场准入负面清单制度的意见》发布。2016年，国家发展改革委、商务部发布《市场准入负面清单草案（试点版）》，先行在天津、上海、福建、广东四个省、直辖市试点，并要求试点地区省级人民政府提出拟试行市场准入负面清单制度的方案，报国务院批准后实施。2017年，党的十九大报告对全面深化改革作出了全面部署，其中一项重要任务是全面实施市场准入负面清单制度。至此，党的十八届三中全会提出的市场准入负面清单制度将进入全面实施期。

《国务院关于实行市场准入负面清单制度的意见》要求按照先行先试、逐步推开的原则，2015~2017年，在部分地区试行市场准入负面清单制度，积累经验、逐步完善，探索形成全国统一的市场准入负面清单及相应的体制机制，从2018年起正式实行全国统一的市场准入负面清单制度。

我国于2018年1月1日起全面实施市场准入负面清单制度，这意味着我国已经实行了长达30多年的审批制投资管理体制将走向终结。市场准入负面清单制度改革的首批试点在天津、上海、福建、广东四个省市进行，已进入总结阶段。第二批试点共有11个，包括浙江和湖北等地区，这些地区已在陆续上报试点总体方案。

（2）权力清单的推行状况。党在十八届三中全会中首次提出了要推行权力清单制度，随后，中共中央办公厅、国务院办公厅印发了《关于推行地方各级政府工作部门权力清单制度的指导意见》。

我国的权力清单制度不是突然出现的，早在11年前，河北省邯郸市公布了全国首份市长权力清单，公布了市长所拥有的93项法定权力，这是地方政府在探索地方依法行政过程中的一个创新之举。随后，贵州省政府十八个部门晒出了其1269项的权力清单，湖南省政府公布了省直55个行政执法部门的权力清单。至此，权力清单制度在全国范围内如火如荼地开展起来。

(三) 负面清单和权力清单推行过程中存在的问题

1. 负面清单推行过程中存在的现实问题

(1) 负面清单的法律地位尚不明晰。目前，我国法律、行政法规中都未出现有关市场准入负面清单的规定，市场准入负面清单的法律地位尚不明晰。《国务院关于实行市场准入负面清单制度的意见》规定的制定程序中，既有"市场准入负面清单由国务院统一制定发布"，又有"地方政府需进行调整的，由省级人民政府报国务院批准"和"发展改革委、商务部牵头汇总、审查形成统一的市场准入负面清单，报国务院批准后实施"等规定。

(2) 负面清单中出现与投资经营及市场主体无关的内容。《市场准入负面清单草案（试点版）》中所列的部分事项和限制措施有的将非市场主体的行为纳入了该清单；有的将与市场准入和投资无关的事项和行为纳入了清单，如清单中数量繁多的人员"资格认定"类事项等；有的则将大量准入后监管措施纳入了清单，如清单所列的大量的"竣工验收"类措施。

(3) 两张负面清单的模式难以实现对外国投资者"非禁即入"。我国目前实行的是两张负面清单的模式，国内投资者只需查阅市场准入负面清单即可，但外国投资者要首先查阅外商投资负面清单，待获得审批或者备案后还需查阅市场准入负面清单，才能确定是否可以投资。

(4) 准入负面清单的列表编制方式较粗放。《市场准入负面清单草案（试点版）》尽管采用了列表形式，但是不够清晰，其列表则仅列出了国民经济行业分类的门类，门类下具体由项目号、主题词和禁止或限制措施描述三列组成，并没有再进一步按照国民经济行业分类的大类、中类编排，也不存在行业分类代码，显得杂乱无章。

(5) 市场准入负面清单的完整性受局限。一方面，长期以来，我国实行的是正面清单管理模式，现在要实施负面清单管理模式，首先需要对已有的法律、法规规定的禁止性和限制性措施进行梳理，这种梳理只能争取零遗漏率，但难以完全保证完整；另一方面，还需要考虑将现行法律和法规未禁止和未限制的一些行业和领域纳入负面清单。这个逐步认知的过程需要通过实践才能完善。此外，《国务院关于实行市场准入负面清单制度的意见》还规定，对一些产业淘汰类项目和限制类新建项目以及明确实行核准制的项目,只在市场准入负面清单中直接引用,不再逐条列出。

2. 权力清单推行过程中存在的现实问题

(1) 与权力清单相匹配的法律法规缺失。纵观我国各地方现存的政府权力清单,就国务院而言,仅有行政许可类清单,没有配套的相关法律法规对权力清单进行一个标准和规范的设计。缺少法律依据支撑导致各地权力清单具体内容不统一,数量更是有明显差异,隐形权力事项频频出现。

平级的地方政府甚至同级下的各区、县政府,其权力清单的内容和数量有着明显不同。各地区、各级政府间没有按照统一的标准划分和排列权力清单。通过分析各个省份出台的权力清单,发现各省份乃至同一省份相同部门在权力清单的理解和分类都存在着巨大的差异,从浙江省归纳整理得出,该省 42 个省级部门出台的权力清单上共列出 4236 项行政权力,而对比广东省的省级单位,46 个省直部门列出 694 项行政审批事项。

(2) 隐形的权力事项频频出现影响权力清单的实施效果。隐形的权力事项是指政府权力清单在制定时通过将一些零星的碎片化权力进行归类、整合而使得权力数量看上去减少,但内容并没有减少太多,甚至有的地方还可能存在以"其他审批事项"保留了一些隐形的权力事项。政府通过这些隐形权力,虽名为简政放权,实际上却使自己的权力有了一定的弹性和扩展空间,方便在自己的解释范围内给政府的一些法外权力,也就是说政府自己给自身增加了许多法外授权。

(3) 与权力清单相匹配的责任清单缺失。责任清单是指政府如果没有按照权力清单以及相关程序行使其权力,必须承担相应法律责任的规定。责任清单是权力清单制度建设的前提和基础,但权力清单要真正发挥作用,更需要有针对权力运行的问责机制,在无刚性问责机制的约束下仅依靠权力主体的自觉只会造成行使行政权力者的"任性"。现在权力清单的推进实施过程中,权力清单制度在积极努力地构建中,但责任清单制度却有所缺失,这将会导致权责不一,各级政府、政府各部门之间权利边界不明晰,权力争着上、责任躲着让的现象仍然存在。

(4) 权力清单制度建设过程中公众参与缺失。公众参与是确保权力清单民主性的重要指标。虽然政府的权力清单在公共媒体或网站上进行了公示,在形式上将政府及各部门权力事项"一晒了之",但在实际工作中,很多地方政府在编制权力清单时仅在政府层面进行宣传,没有进行社会公众宣传普及,而且公示的权力清单目录里只包含了政府及政府各部门的权力名称、权力所属类别、实施依据和实施主体,而对于社会公众最为关注的每项具体权力的运行流程却公布较少,从而使得社会公众更加难以理解权力清单的内容。很多老百姓几乎没有人对权力清单有一个完整的认识,甚至不明其意向,也没有主动去了解的动力,极少数居民知晓权力清单一事。权力清单制度建设的公众参与热情并没有被调动起来,不利于权力清单制度的推进和完善。

(四)更好地实施负面清单和权力清单应采取的措施、建议

1. 推进负面清单更好实施的启示与建议

(1) 制定市场准入负面清单的法律规范。通过相关法律法规赋予负面清单明确的法律地位,使其成为正式的法律渊源,有法可依。

(2) 删减负面清单中与投资经营及市场主体无关的内容。市场准入负面清单将列入的事项仅限于投资准入事项,限制措施也应仅针对投资经营行为,删除与市场主体、市场准入和投资经营无关事项和行为以及市场准入后的监管措施。

(3) 实现二合一的负面清单。在市场准入负面清单制度实施 3~5 年后,在目前负面清单制度和外商投资负面清单制度日益完善时,将外国和国内禁止投资行业和限制投资行业纳入一张清单,虽然这样的话会使负面清单篇幅增加,但对于投资者而言,只要按照行业查找,并不复杂。将两张负面清单模式转化为统一的负面清单,实现"非禁即入"。

(4) 市场准入负面清单的列表编制方式精细化。颁布的市场准入负面清单能够按照国民经济行业分类中的大类、中类逐级编制,并列出相应分类代码,提高清单的清晰度,以便投资者能够更容易地理解相关管理措施。

(5) 完善市场准入负面清单内容以提高透明度。一是对现有法律、法规和国务院规定中的禁止和限制性投资措施进行梳理,全部列入市场准入负面清单,做到零遗漏率。二是要调动负面清单制定中的市场主体参与的积极性,让市场主体提出建议和意见,经科学评估后确定采纳与否。三是将规定的产业淘汰类项目和限制类新建项目以及明确实行核准制的项目整合进入市场准入负面清单。

2. 完善权力清单制度建设需要加强的几点

（1）制定并且完善相关法律规定。依法行政是建设现代化市场经济必须遵循的原则。因此，在推行省市级政府权力清单制度的建设中，必须要始终坚持依法行政，做到职权法定、于法有据。首先，从国家立法层面制定并完善相关法律法规，通过法律法规的形式明确规定权力清单应包含的基本内容。其次，从地方立法层面制定完善相配套的地方性法律法规，从而可以规范各级地方政府的权力清单内容，大致统一各地权力清单内容和数量，预防隐形权力事项的出现。

（2）建立权责对应的权责清单制度。在出台权力清单时，首先，必须规定行政机关行使权力的程序，包括各级地方政府在行使权力清单内容时的方式、步骤、顺序和时限。其次，要同时出台与权力清单内容相对应的责任清单。按照有权必责、权责一致、权责匹配的原则，实行一项行政权力对应一项或多项责任，进一步明确和细化不履行权责清单或履行权责清单不到位的责任。最后，要建立与权力清单相对应的追责机制，并加快制定问责追责和考核的依据与办法。

（3）建立权力清单的公众参与机制。首先，要对公众进行大力宣传和普及。对权力清单制度实施的意义、与群众利益之间的关系以及权力清单的具体内容等，对公众进行理念上的教育普及，让社会公众不仅知道有权力清单制度，并且关注权力清单的具体内容，增强市场主体和其他主体参与权力清单制度建设的积极性主动性。其次，要进一步公布、完善和细化权力清单中的权力运行流程，增加权力清单内容的透明度，让社会公众在办事过程中做到心中有数，从而有更大的积极性参与到建立和完善权力清单制度中去。

（4）建立和完善权力清单制度的多元化监督机制。首先，建设内部监督体系。确定专门机关实施监督，或者在行政机关内部建立独立的监督办公室，专门应对处理有关权力清单制度的纠纷和问题。其次，设立外部监督体系。一方面，要发挥公众的监督作用，充分发挥公民检举权、揭发权、监督权的行使；另一方面，实行行政体制外党的监督及人大、政协监督多效并举。最后，建立包含权力清单实施情况的绩效考核体系。各级地方政府部门可将权力清单的落实情况纳入相关部门的绩效考核。内外共同发力，共建多元化的权力清单监督运行机制。

　　此外，作为权力清单执行者的各级政府领导干部在推行权力清单制度的过程中应转换传统的特权思维，坚持法治思维，按照职权法定、于法有据的原则编制好实施好权力清单。

第六章 保护产权是保障市场决定资源配置的前提和基础

十九大报告的第五部分中提出,要"贯彻新发展理念,建设现代化经济体系","我国经济已由高速增长阶段转向高质量发展阶段","必须坚持质量第一、效益优先,以供给侧结构性改革为主线"来推进体系建设。

要依法进行现代化市场经济的建设,可以将私法自治作为法律依据,只有真正实现了私法自治,才能依法行事,依法执政,才能真正实现资源配置的法治化,逐渐突破完全计划经济时代资源行政分配的局限。私人自治(私法自治)是指民法上的私人可以按照自己的意思安排自己的生活。私人自治原则在合同中表现为合同自由(Vertragsfreiheit),在物权中表现为所有权自由(Eigentumsfreiheit),即所有权人可以依照自己的意愿占有、使用、收益、处分所有物。

但是,该原则只强调形式上人人平等的自由,而无视实质上人与人之间的差异所产生的非平等事实。所以,往往引起人们对于社会公正性问题的重新思考,其结果是使得法律不得不对这一原则作出诸多的限制。

第一节 保护资源环境的公共产权

一、保护资源环境的公共产权是市场决定资源配置的必需前提

丹尼尔·H.科尔在《污染与财产权——环境保护的所有权制度比较研究》一书

中以"公地悲剧"的现象作为论证财产权制度的基础。他认为,共有物或无主物接受的照料最少,也即:由于缺乏财产权的保护,环境物品总是被滥用,有时甚至到了毁灭的边缘。环境问题产生的根本原因是,财产权制度的缺位导致了环境污染,确立财产权的成本缺失则引起财产权制度的缺位,而成本的缺失则被社会的经济、制度、技术以及生态状况所影响。环境保护与财产权之间切实存在着密切的关联。

环境财产权体制的概念起源于英美法系国家。基于环境保护的财产权体制指环境权与环境产权是环境容量资源商品的财产权,从本质上,环境属于公共产权。20世纪60年代美国发起的环境保护运动促使发达国家倡导的"为了当代和后代的利益应保护环境及其自然资源"这一概念得到广泛认可。随着科学技术的发展,美国开始构建完整的环境财产权体系,形成以《清洁空气法》《排污补偿解释原则》等法律为核心的财产权体制。此外,大陆法系的德国也建立起相关的环境财产权制度,财产权体制的不断发展,不仅加强了环境财产权的规范性,也提高了环境财产权的实益性。

改革开放40年以来,过去"高耗能、高碳排、高污染"的增长方式,使得中国的空气、水、土壤受到严重的污染,我们赖以生存的三大环境资源要素,正在遭遇空前危机,当市场调节失灵的时候,必须由政府对经济进行宏观调控,对环境资源进行保护性配置。

1972年,罗马俱乐部公开了其第一份研究报告《增长的极限》(Limits to Growth),这份报告指出了人类社会面对的几大困境:人口问题工业化的资金问题、粮食问题、不可再生资源问题,以及环境污染和生态平衡等问题,该报告指出,这些问题将会成为未来世界经济增长、社会发展的制约因素。

中国改革开放以来经济飞速发展,但伴随而来的环境污染问题日益严重。在当今的国际社会,环境逐渐成为衡量一个国家是否具备承担处理国际事务的能力标准之一。中国社会主义市场经济也已经发展到了一个新的历史阶段,市场决定资源配置的重要内容之一是注重对资源与环境的保护。

虽然我国一直在减少煤炭在能源消费结构中的比例,但是2015年中国的煤炭消费量仍占世界的一半。2015年,世界煤炭产量约80亿吨,全国产量达37.5

亿吨，虽然同比减少3.3%，但仍占世界的47%；我国煤炭消费量为39.65亿吨，同比下降3.7%，但仍占世界煤炭消费量的一半。煤炭在我国能源消费结构的比重达到64%，远高于30%的世界煤炭平均水平。在市场进行资源配置失灵的情况下，政府有所作为，"十三五"期间，我国把控制能源消费总量作为重要任务，其中煤炭作为控制总量的重点，煤炭的消费比重将降到60%以下，并将加快研究制定商品煤系列标准和煤炭清洁利用标准。中国2017年12月执行国五标准，国五标准汽油的含硫量上限为50mg/kg，而日本的汽油和煤油中含硫量降至10ppm，如果确实能落实的话，日本的含量也只是中国的1/5。

二、影响资源环境保护的几个方面

（一）资源环境产权立法滞后

改革开放40年以来，尽管资源环境方面有不少立法，很多法律也修改多次，但资源环境的产权界定问题始终没有有效解决。例如，法律规定，山地、河流属于国家或集体所有，没有明确的产权界定。太多的生产和消费行为没有考虑环境成本。

（二）价格与边际成本的关系反映了资源环境被使用的情况

边际成本是指，每一单位新增生产的产品（或者购买的产品）带来的总成本的增量。这个概念表示每一单位的产品与总产品量有关。产品的价格如果小于边际成本，说明资源被过度使用和浪费，不利于资源可持续发展；价格如果大于边际成本，则抑制了正常消费，不利于经济的稳定发展。

（三）经济增长模式决定了资源环境的状态

一方面，由于经济发展的不平衡，不同地区、不同企业对环境的影响程度也不同；另一方面，粗放型的经济增长模式，必然会对资源环境造成巨大的污染，比如，造纸业对水资源影响较大，汽车制造行业对空气污染较大。目前我国的经济主体和传统优势产业仍然主要集中在资源消耗大、环境污染高的行业。我国已经意识到这一点，并且在逐步调整产业结构和经济增长模式，但其中一个不可避免的现象是，污染密集型企业一方面向亚非拉欠发达的国家转移，另外，也正在从国内相对发达地区转移到欠发达地区和城市。第二种现象尤其要引起关注。

(四) 贸易自由化的部分不利结果是导致资源环境的恶化

在国家宏观经济政策调控中,贸易自由化促进了本国经济发展,实现了外汇创收,但是贸易自由化对于资源环境保护而言有利有弊。弊端主要表现为,发达国家将环境污染严重的企业转移到污染支出成本比较低、环境标准较低的中国,造成中国环境污染日益加剧。目前国家宏观经济调控已经开始纠正、调整当初的招商引资策略,但之前几十年来这种招商引资项目已经对环境造成了重大的破坏和污染。

三、保护资源环境的公共产权

(一) 完善资源环境产权法律体系

修改完善《环境保护法》,建立健全完备的法律法规体系。无论是美国的"净增排放量"政策,还是"相互抵消"政策,这些措施促使排污权交易制度成功的原因,都应归结于美国颁布了完备的《清洁空气法》。因此,我们应当完善我国环境督查方面的相关法律法规,除《环境法》《大气污染防治法》《水污染防治法》等基础法律外,更应将环境监察制度以明确翔实的法律法规形式确定下来,维护环境督查的合法性,并通过国家管制的形式,有效实现我国环境保护。

(二) 建立动态科学合理的价格体系

价格是宏观经济调控手段之一,为了实现资源的优化配置与可持续发展,通过价格这一宏观经济政策调控重要手段制定和匹配实际价格与边际成本,进而从价格这一定价角度实现资源优化配置以及可持续发展。价格体系的建立需要满足一个客观要求和一个基本原则。客观要求是指资源价格符合价值规律;基本原则是指最大限度地体现环境资源成本。在进行价格调控过程中,某一种资源成本价格要结合其他资源成本、市场需求进行多方面评估考量。合理地进行资源配置和资源价格调整将有助于可持续发展。

(三) 加快经济结构转型升级

将高消耗、低产能的传统产业进行转型升级,大力发展高新技术产业和现代服务业,如电子信息、新材料以及环保与资源综合利用等行业。

（四）从税收和补贴着手对资源环境进行保护

首先，清理对破坏资源与环境的产业进行补贴的政策，加速产业结构调整。其次，进行有必要、有选择性的税制改革，如 2018 年 1 月 1 日，中国环保税正式施行，要贯彻落实并且在实践过程中不断补充环保税的内容，将环保税作为一种宏观经济手段融入到市场运行之中，实现对资源与环境的保护。最后，通过税收调节，如针对环保设备实行减税、免税或通过税收来带动环保企业的发展及环保产品研发。又如：我们在超市购买商品后，商家大都免费赠送质量不错的塑料袋，殊不知地球却需上百年才能消化它。这个小小的塑料袋的环境成本是多少？同时，一些可降解的包装袋却因为生产规模小、原料贵、价格高而始终无法推广，但这种包装袋的环境成本却是极低的。此时，政府就应该干预了。应该把环境成本作为税收向塑料袋厂家收取，以提高它的生产成本，进而提高它的市场价格。同时，把这部分税收作为补贴补给包装袋厂，以降低生产成本，进而降低市场价格，塑料袋市场就会逐渐萎缩，厂家也会逐步转产，进入有利可图的可降解包装袋或其他市场。随着可降解包装袋市场规模的扩大，生产成本会进一步降低环境成本，国家可逐步减少补贴直至退出。这样，在政府干预下，就完成了和资源环境保护相关的产业结构的调整。

（五）构建自然资源产权制度

这是中国目前产权制度所缺失的。根据"公地悲剧理论"，针对公地的悲剧，明确产权可以使共有资源得到爱护和节约使用。中国现阶段根据生态文明和保护环境的需要，迫切需要明确全部国土空间各类自然资源资产的产权主体，构建全民所有自然资源资产产权有偿使用制度，保护自然资源资产的所有者权益，公平分享自然资源资产收益，从而使各类自然资源得到所有权的保护。

保护产权不仅需要国家法律之类的正式的制度安排，同时需要有道德和伦理习俗等方面的非正式制度安排辅之，形成保护各类产权的价值观。要建立常态化的污染责任考核追究制度对于资源环境恶化或者治理不善的地方政府官员给予考核和降级，反之亦然。

第二节 保护非公有制经济财产权不可侵犯

一、非公有制经济财产权不可侵犯

私有财产权是指以财产利益为内容,直接体现财产利益的民事权利。财产权是可以以金钱计算价值的,一般具有可让与性,受到侵害时需以财产方式予以救济。财产权既包括物权、债权、继承权,也包括知识产权中的财产权利,在本节中主要指非公经济的个人财产权,知识产权在后面章节会有单独分析。

2018年3月通过了《中华人民共和国宪法修正案》,此次修宪未对宪法中关于财产权的规定进行修改,也就是说,现行宪法关于财产权的规定仍为2004年第四次宪法修正案中的内容。2004年第四次宪法修正案对于我国财产权的保护具有里程碑式的意义。首次明确私人财产权并写入宪法,极大地丰富了其内涵与外延。

对于我国的私人财产权的保护,在2004年修宪后,《中华人民共和国宪法》中有明确规定,其中第13条规定:"公民合法的私有财产不受侵犯。""国家保护公民合法的私有财产"正式成为宪法条文;2007年《中华人民共和国物权法》明确规定,"国家、集体、私人的物权和其他权利人的物权受法律保护,任何单位和个人不得侵犯",进一步加强对公民合法财产的保护。此外,当公民的合法财产受到侵害时还可以依实际情况根据《民事诉讼法》(或《仲裁法》)《刑事诉讼法》《行政诉讼法》(或《行政复议法》)对自己的合法财产进行救济,体现出我国对公民财产权的保护是十分重视的。

加强保护非公有制经济财产权的意义:

(一) 促进社会稳定

"有恒产者有恒心,无恒产者无恒心。"目前,在私人财产中,有相当一部分是个体工商户、私营企业主在生产经营中积累的,也是他们从事生产经营活动所不可缺少的。个人私有财产得到法律保护，他们才能够有序地生活和生产，确保社会的稳定性。

(二) 鼓励非公经济中国民个体、私营经济的可持续发展

个体、私营等非公有制经济是社会主义市场经济的重要组成部分，是促进社会生产力发展的重要力量。保护私有财产权是发展非公有制经济的土壤和前提，只有承认和保护私有财产权，才能产生和发展非公有制经济，才能真正做到鼓励公民从事个体工商业和创办企业。

(三) 推进国外资本持续稳定地进入非公有制经济

保护私有财产，有利于调动人们创造物质财富的积极性和主动性，也有利于引进和吸收海外资本，实现非公经济的多元化，消除海外投资者在中国发展经济的后顾之忧。如果缺乏对私有财产的有力保护，不能形成一套完整的对个人财产权予以确认和保护的规则，个人对其财产权的实现及其自身利益的享有就会处于不确定的状态，就很难使人们产生投资的信心、置产的愿望和创业的动力，就不能吸引外资进入投资，就算暂时有外资投资，如果投资人的私有财产不能得到有效保护，也会撤资离场。

(四) 有利于保障公民权利的实现，推进依法治国

依法治国的一个重要方面，就是规范和制约公共权力，保障公民权利的实现。在公民权利中，生命权、自由权和财产权一起被称为公民的三大权利。这三大权利是相互联系、密切相关的。财产权是实现生命权、自由权的物质基础。赋予个人私有财产权，个人就有权依法支配属于自己的财产，能够用自己的劳动成果来保障自己的生存与发展，个人的财产不会为他人所非法占有。物权就是财产权，是人权的组成部分，尊重个人的物权，就是尊重人权的基础，就是尊重人权。没有对物权的保护，对人权的保障就是不完善的。

二、非公有制经济财产权保护不足的原因

我国从宪法的维度基本构建了非公有制经济财产权保护的宏观制度，总体上认可非公有制经济财产权的存在并且对其加以保护，但在实践操作中仍然还缺乏公平、规范的法制环境、政策环境和市场环境，对非公有制经济财产权的保护力

度还不够，时而会受到侵害。

（一）思想理念的转变不到位

（1）只是把非公有制经济看作是公有制经济的补充力量。认为非公有制经济不可能发展成经济大军，发挥不了根本性的作用。同时，却过分关注公有制经济的比重，甚至害怕非公经济做大做强，占据国民经济的份额超过国企所占比重，有损社会主义的称呼。在这种观点之下，与非公有制经济相对应的非公有制经济财产权自然得不到相应的保护。

（2）认为发展非公有制经济是在我国当前国有企业困难之时所采取的权宜之计，而忽略了非公有制经济在资源配置中所起的冲锋作用，忽略了非公有制经济在活跃市场竞争、解决就业岗位、增加财政税收、创造社会财富、促进社会稳定等方面发挥着积极的作用。这样的理念，必然也会蔑视非公有制经济财产权的正当合法性。

（二）宪法的保障有局限

（1）从立法用语上仔细分析，宪法对私人财产的保护与对国有财产的保护并没有完全同等看待，即未将私人财产与公共财产一视同仁。现行宪法中，对公共财产是这样的描述："社会主义的公共财产神圣不可侵犯""国家保障国有经济的巩固与发展""国有经济……是国民经济的主导力量"，这些规定字字句句都体现了国有经济在国民经济中的地位不可撼动与至高无上性。对私有财产是如下的描述：1999年规定"国家保护个体经济、私营经的合法权利和利益"，这些表述都承认和保护私有财产，在法律上原则得到认可。

《决定》指出，"产权是所有制的核心。健全归属清晰、权责明确、保护严格、流转顺畅的现代产权制度。公有制经济财产权不可侵犯，非公有制经济财产权同样不可侵犯"。同时，进一步明确要求，国家保护各种所有制经济产权和合法利益，保证各种所有制经济依法平等使用生产要素、公开公平公正参与市场竞争、同等受到法律保护，依法监管各种所有制经济。

相比之下，私人财产相比以前地位虽有所提高，但仍与国有经济不在同一保护层次上。在市场决定资源配置的今天，这样的规定违反了市场主体平等原则，不利于调动非公有制经济市场主体生产积极性。

(2) 对非公有制财产征收补偿标准的模糊使得实践较为混乱。现行宪法对私人财产在什么情况下可以征收和征用，如何进行补偿，补偿标准如何确定未作明确规定，这是宪法保障作用的一大缺失，容易造成人们的误解。由于现行宪法关于征收补偿的规定不够明确，致使实践中政府侵犯公民财产的事件时有发生，近几年来多发的城市拆迁、农村征地等冲突，多因补偿不合理不规范所导致。

(3) 对非公有制财产权的保护立法滞后。首先，宪法只是"在法律范围内的个体经济、私营经济等非公有制经济，是社会主义市场经济的重要组成部分"来表述非公有制经济在国民经济中的重要地位，但是却并未明确从保护私人财产的角度进行规定。其次，宪法只强调对公民的合法的收入、储蓄、房屋和生活资料所有权的保护，而没有对从事非公有制经济活动的公民，其合法的生产资料的所有权如何进行保护作出规定。

(4) 对非公有制经济的权利和义务规定不详细使资本外流。法律法规对于非公有制经济财产权保护规定得较为笼统模糊，缺乏具体详细的规定，并且对非公有制经济在某些领域进行限制，设置过高门槛、乱收费乱罚款、办事效率低、服务意识差。当非公有制经济财产权受损害时，难以得到及时有效的法律保护，使得广大劳动者投资经营的热情受到伤害，虽然在中国投资生产利润可期，但是这些对非公有制经济财产权保护的不确定性，造成许多私营企业主把大批资产转向境外，有的海外投资者甚至会撤资，资本流失不仅阻碍了非公有制经济的快速发展，而且对整个国民经济造成了不良影响。

(5) 私人财产权的基本权利属性未得到体现。我国现行宪法仍将私人财产权视为社会主体经济制度的一部分，将其放在宪法"总纲"的根本经济制度之下，这样的规定忽略了财产权作为一项基本权利的属性，而生命权、自由权和财产权一起被称为公民的三大权利，这样的规定表明我国目前仍未认同财产权已取得的同生命权、自由权相平等的基本权利地位，只将其看作为服务社会主义经济建设，保护社会主义经济制度的一部分，没有体现出我国基本权利体系的完整性。

三、进一步加强保护非公有制经济财产权

要进一步加强保护非公有制经济财产权，立足点还应该放在未来宪法修正案

中，纠正现行宪法中对公有制经济财产权保护不足的状况。建议如下：

(一) 转变思想理念

要改变传统的认为非公有制经济只是公有制经济的补充的理念，要认识到非公有制经济的重要性，从而从理念上树立起对非公有制经济财产权的保护，只有对非公有制经济财产权进行合法合理的保护，才能够保证中国社会主义市场经济的可持续发展，促进市场决定资源配置的效率。

(二) 对国有和私有财产权进行平等保护

现行宪法将我国公私财产二元分化，制约了我国社会主义市场经济制度的进一步完善发展，不利于市场决定资源配置的效率。从国家保护财产权的角度出发，不论财产的属性如何，都应一视同仁，不可区分对待。对于"社会主义的公共财产神圣不可侵犯"这一条文，有违财产权负有社会义务的理论，也与法理不符，在与国际法接轨方面有差异，会引起反感与争议。

(三) 将财产权纳入公民的基本权利中

在国际法律法规中，财产权早已被视为与生命权、自由权相平等的基本权利。我国现行宪法仍将其规定在"总纲"的根本经济制度之中，有违人权体系。未来的宪法修正案，应还原财产权的基本权利属性，将其规定于其本该在的"公民的基本权利与义务"中，完善法人财产权，促进宪法保护基本人权的法理目标。

(四) 规范非公有制经济财产权的征收补偿标准，建立弹性补偿机制

现行宪法中，对征收补偿制度的规定模糊，只规定"国家为了公共利益的需要，可以依照法律规定对公民的私有财产实行征收或者征用并给予补偿"。这样笼统模糊的规定导致政府在实践中自由裁量权力过大，导致地方政府与民争利，侵害公民合法私有财产的事件时有发生。因此，在未来的宪法修正案中，应建立规范公民财产征收补偿的统一标准，同时建立完善的弹性补偿机制，使得政府在征用公民私人财产的过程中能够有法可依，依法征用，依法行政。

第三节 农民财产权

一、农民财产权的内涵

对农民产权的界定,有利于最大限度地提高资源配置的效率和减少资源的浪费,这也是市场决定资源配置的应有之义。

现阶段农民财产权(即农民产权)是指,在我国现行的户籍管理制度中,户籍登记在农村并且持有农业户口(现在城乡均已登记为居民户籍)的我国公民,依法对其所有的财产的占有权、使用权、收益权和转让权,以及运用这几个权利获取相应经济利益的权利,包括农民对于集体土地的宅基地使用权、集体建设用地使用权、农村土地的占有权、使用收益权、流转权、物上请求权等权利。

(一) 农民财产权的类别

农民财产权利可以分为两类:

第一类是完全财产权。农民通过劳动获得的收入、购买的生活用品、农业生产设备、投资性收入(如存款、国债)等,因为农民对此类资产享有完全财产权利,被称为完全财产权。

第二类是不完全财产权利。该类又可细分为两类,一类是农民在集体土地上的有关权利,如宅基地使用权、土地承包经营权等,并包括基于这类权利而产生的增值收益等;另一类是基于农民在集体资产中所拥有的份额而获得的对集体资产收益分配的权利。因为完整的财产权包括使用、收益、处分的权利,而上述第二类权利显然并不完整,因此它们又被称为不完全财产权利。

(二) 农民财产权的特点

第一,农民财产权是一项基本人权。

第二,农民财产权是特定主体享有的财产权利。农民财产权是特定主体"农民"以其在我国目前的二元结构中形成的身份,而享有的财产权利。

第三，农民财产权的权利内容广泛。农民财产权是内容丰富的权利体系，很难进行简单概括。

第四，农民财产权是以合法流转为核心要素的权利。合法转让流转是财产权的核心，建立在合法转让流转基础上的土地流转，与农民财产权的实现紧密相关。

（三）农民财产权的制度变迁与实态

改革开放以来，广大农民仍是低收入群体，其根源在于农民财产权缺失，农民财产性收入没有随着工业化、城镇化进程的加快而显著增加。

改革开放后，农村改革一直围绕农民财产权而展开。从农民自发包产到户到家庭联产承包责任制的确立，从"赋予农民长期而有保障的土地使用权"，再到"赋予农民更多财产权利"，农民财产权不断实现，为农业和农村发展注入了新的活力。然而，无论从历史看，还是从现实看，农民财产权利问题均未完全解决。

二、当前我国农民财产权利的现实状况

我国农民财产有着中国特有的特色，具体表现为，中国农村土地为集体所有，而不是西方的私人所有，也不同于我国城市土地为国家所有。这就决定了我国农民财产除了一般意义上的财产以外，还包括与集体土地相关的财产。根据农民财产权的类别，对当前我国农民财产权进行分析。

（一）生活用品、农畜产品物资和现金、存款、证券等货币证券资产这类财产产权归属明确，受到严格保护，拥有包括占有、使用、收益和处分等项权利，享有完全的个人私有财产权利

（二）我国农民拥有的生产生活设施及用具没有实现完全的财产权利，主要表现是不能抵质押贷款

多年来，农民购买的机械设备、交通工具和兴建的农业生产生活设施不能作为财产在金融机构贷款融资，缺失融资贷款功能。2013年7月1日，国务院办公厅在《关于金融支持经济结构调整和转型升级的指导意见》中明确指出，探索开展大中型农机具抵押贷款试点工作。但据调查显示，我国农村大中型农机具依然缺乏融资抵押功能。

（三）农民的房屋产权不完全

房屋是农民的主要财产，但由于受政策制度的制约，农民最主要、最重要的财产——房屋财产权利处于很不完全的状态。主要表现在：一是无产权证。在我国，农民房屋只有宅基地《集体土地使用证》，绝大多数地区都没有产权证，产权不明晰不明确。二是不能自由买卖。农民对自己的房屋没有完全处分权，不能自由上市交易。三是不能抵押贷款。由于没有产权证、限制在市场上自由流通交易，农民房屋的融资功能完全丧失。

住房所占用的是集体土地中的宅基地，《担保法》明文规定宅基地是不能抵押的财产之一。由于农村土地的集体所有性质，宅基地对农民来说只有使用权，而且只能由农户独享使用权。宅基地政策偏向于对农民现有福利的保障，导致其只有使用功能而无金融经济功能。在现有法律法规基础之上，宅基地无法进行转让抵押，导致成为沉淀资产。同时，根据当前政策，宅基地不能流转也没有科学合理的退出机制。宅基地的不完全财产权利是造成农民房屋不具有完全财产权利最直接的根源。

（四）承包经营权不完全

承包地。承包耕地、林地、草地是农民赖以生存和发展致富的生产生活资料，是农民的标志性财产。但同样由于农村土地集体所有制的限制，承包经营权只有占有、使用和收益权及受到限制的部分处分权。承包经营权的抵押和担保权能依然没有实现，使财产最大的功能闲置。集体土地所有权是受限制的所有权，也没有赋予农民完全财产权利。

三、农民财产权存在的主要问题剖析

农民财产权得不到充分保障，主要体现在以下两大方面：

（一）农民集体资产类财产权利的完全实现存在不少问题

1. 农村集体资产管理主体虚置

首先，在当前农村集体经济组织主体不清，尤其是立法滞后的情况下，农村集体资产所有权行使主体虚置，《农业法》规定农村集体经济组织有权管理集体资产，《村民委员会组织法》同时规定村民委员会有权管理集体财产，但实际情况是我国法律对于集体经济产权制度和集体资源所有和利用方面的规定存在不明晰的现象，难以确定究竟何者为农村集体资产管理的主体。村民委员会，性质上只是村民的自治和决策机构，其显然不能作为法律关系的主体代表成为农村集体资产所有权主体。

其次，集体经济组织的地位"虚化"。村民共同享有的集体资产份额不明确、财产权利实现途径模糊，在集体资产收益分配方面产生的问题较多。对于集体经济组织，虽然学术上对其在农村集体中的地位有"法人说""企业法人说"等认可其作为农村集体资产管理主体的地位，但从现行法律来看，虽然集体经济组织具有管理集体资产的地位，但因现行法律对于其主体地位规定过于模糊，使得其无法作为法律关系的主体，代表集体处分集体资产、从事生产经营活动，现实中也就使得集体经济组织的地位变得"虚化"，这也是我国农村集体资产管理制度难以推行，农村集体经济每况愈下的主要原因。

2. 农村集体资产管理不力

首先，集体统一经营能力不足、管理不科学，流失严重。一方面，集体资产管理存在账目不清的现象，许多农村在使用票据时也存在不规范的现象，这些行为，很容易导致现实中出现公款私用，滋生权力腐败，严重侵害农民的财产权利；另一方面，运营管理机制不健全。虽然有些地方已经建立起了农村集体资产的管理平台，但管理机制还不够健全，为集体资产今后的运作留下了诸多隐患。有些地方，村民参与集体资产管理的积极性不高，农村集体资产管理人员也缺乏热情，于是索性就对集体资产予以闲置，这尽管保障了集体资产的安全，却可能因此失去许多较好的投资机会。

其次，集体承包经营项目运作不规范。一些林地、鱼塘等在发包和出租过程中，运作不规范的现象时有发生，常常出现村干部一个人说了算的现象，这为今后合同的履行以及农民权益的保护留下了重大的隐患。

对农民个人来说，集体资产类财产权利目前仅仅体现在收益权上，而这一点也未能很好地维护。虽然在处分、使用、占有等权能方面也有法律政策规定的实施方式和程序，但大多流于形式，不能充分保障和落实。一些村过去积累的大量集体资产（通过统一经营、土地征用等途径）逐年消逝，严重损害了农民的切身利益。

3. 农民集体成员权制度不完善

农民的集体成员权属于一种特殊的社员权，是农村集体经济组织依照法律法规、民事习惯以及该组织相关章程，对农村集体经济组织享有一系列权利义务的总称。虽然我国的《物权法》《农村土地承包法》《土地管理法》《村民委员会组织法》等都对农民集体成员权作出了规定，但我国现行立法对于农民集体成员权的规定仍存在诸多不明确之处。

首先，农民集体成员权的性质不明晰，不仅我国法律和相关司法解释未予明晰，就连学术界也未能达成一致的意见。

其次，民主决策权法律规定模糊。作为农民集体成员权的权利内容之一，民主决策权对于推进农村自治、保障农民经济政治权利、防止公权力滥用起到了重要的作用。但我国现行法律对于民主决策权中权利行使的程序、行使模式以及权利未能行使或有效行使时的救济都没有作出较为明确的规定。

最后，农民集体成员的撤销权制度法律规定不明确。为了防止公权力的滥用，我国《物权法》第 63 条规定了农民集体成员的撤销权制度，但是对于撤销权的若干问题未予明确。

(二) 农民土地财产权的完全实现存在着现实问题

1. 征地权被滥用导致农民失去了农民最根本最本质的土地财产权

为了城市基础建设和产业开发，大量集体土地被征为国有，地方政府往往选择开发成本较低的区域开展建设，并且长期大规模征收农村集体土地，2004~2014 年，全国征收土地面积约 17290 平方千米，平均每年征收土地约 1572 平方千米。2004~2015 年，全国新增建设用地约 550 万公顷，占用耕地约 245 公顷，约 45%的新增建设用地来源于耕地。大规模的政府征地导致大批农民失去原来用于生产的承包地，虽然农民因为征地获得了较大数额的经济补偿，但这是以其永久失去土地所有权为代价，越来越多的农民成为了失去了土地财产权的农民。

2. 农民土地的强制性征收严重侵损了农民土地财产权

在计划经济之初我国就已经形成了土地征用制度，其主要是通过政府行政命令的手段，将农民集体土地变成国有土地，这是一种不平等的产权交易。同时，征收补偿制度的不规范与不完善使得在强制性的征收过程中,农民获得的征地补偿费明显低于土地出让收入,土地价值也被严重低估,虽然近年来各地的征地补偿标准有所提高,但其在土地出让价款中所占的比重并没有上升,甚至还出现了下降的现象,这样必然会造成资源的严重损失与资源配置的扭曲。

3. 农民无法真正地掌握土地财产权

一方面,随着农村城镇化的进程,农民不得不外出打工,放弃土地的管理来增加自己的收入;另一方面,农民只拥有30年土地的使用权,由于政府的强征,造成很多农民土地的使用权连30年都不到,就连承包的权利也都失去了,农民无法真正地掌握土地财产权。

4. 农民土地财产权利的价值被禁锢,成为"非资本的资本"

一方面,涉及土地财产权的农民宅基地处置困难。宅基地不得用于出租、抵押和买卖,农民通过继承等合法方式获得的多余宅基地无法处置,只能任其闲置,造成了土地资源的浪费,也使得农民的宅基地权利无法变现,失去了其作为资本的功能。

另一方面,农用地的财产权利流动性弱。农民可将土地承包经营权进行流转和抵押,但限定于农业用途,不得进入建设用地市场,这样降低了土地承包经营权的流转和抵押价值,土地承包经营权转化为财产性收入的难度更大。

5. 隐形土地市场使得农民土地财产权不能得到保障

农民在征地中不能取得大部分土地增值收益,于是通过其他渠道,自发形成了错综复杂的隐性建设用地市场。这种隐形市场不在政府管控范围内,比如说,"小产权房"就是在这种隐形市场交易的一个案例。在隐性市场中,交易双方只能通过非正式渠道获取交易信息,投资者出于出资安全的考虑往往采取短期行为,交易价格明显偏低。隐形市场交易土地一般在城市近郊区等土地价值较高的区域,农民虽然获取了比征地更高的土地收益,但依然远远低于其土地的正常市场价值,容易产生土地投机和土地纠纷。这种隐性市场行为不在政府的监管范围之内,即使提交司法诉讼,往往按照合同无效处理,农民集体所有者及农民土地财产权不能得到保障。

四、农民财产权利难以有效实现的原因分析

(一) 国家法律法规的限制和模糊定义

这是导致农民财产权利不完全、不充分的主要原因。法律法规政策上的模糊表述以及限制规定，使得我国农民财产权利长期处于不完全状态，得不到法律保护。农民土地财产权的权能受限制，产权不完整。

一是宅基地使用权的权能不完整。农民对其使用的宅基地拥有完整的占有权和使用权，但宅基地使用权的出租、出卖、抵押、赠与等行为被法律法规明令禁止，收益和处分的权能受到限制。

二是土地承包经营权的占用、使用、收益和处分的权利受到法律保护的同时，收益和处分依然受到法律的限制，如承包经营权流转不得改变土地的农业用途，而且在所有的农业用途中还禁止在基本农田上进行挖塘、养鱼以及发展林业、果业等这些农业用途。

三是根据法律规定，集体建设用地无法进入土地交易市场。没有市场交易机制的调节，集体建设用地不仅无法在土地市场上获得交易机会，而且无法进行抵押融资。

(二) 国家政策决定了我国农村集体所有性质不能有效保护农民财产权

根据我国现行法律，农村土地和农村集体资产属于农民集体所有，也就是全体农村集体经济组织成员所有，农村集体经济组织主体虚化，农民集体所有制还未找到有效的实现形式。

(三) 农民财产权的司法救济途径范围窄、成本高

法律对土地所有权和使用权纠纷、承包经营权纠纷以及农民权益受侵害等提出了诉讼救济方式，但规定较为笼统。特别是在征地纠纷中，法律并未规定对征地目的的合法性进行审查的救济，对于农民不服行政裁决结果能否提起行政诉讼并未明确，对于征地中的知情权、参与决策权及听证权等程序性权利，法律也没有明确司法救济的途径。农民作为"弱势群体"中的个体，还难以与政府强大的行政权力相抗衡，而且诉讼周期较长、成本较高，农民不到迫不得已不会选择司法救济方式。

(四) 农民土地财产权中的土地征收未被视为财产权来进行征收

长期以来，我国对农村土地的征收并未视为财产权的征收，只是作为行政配置的手段，并未从私法保护的角度看待征收问题，相应的土地征收法律也必然没有跟上。对农民参与土地征收的程序中民主权利保障不足，对物权缺乏传统民法保护。

五、实现农民财产权利的政策建议

十八届三中全会提出"赋予农民更多财产权利"，为农村改革定下了基调，具体的执行和落实情况将决定政策的成败。如果把实际操作中农民财产权利界定为三个方面：农村土地承包经营权、宅基地使用权、集体收益分配权，那么，如何实现农民这三项财产权利是非常重要的。

我国农民财产权的诸多问题，特别是其中土地财产权的不完全，导致政府征地对农民财产权利的侵害，其表面现象在于农民土地产权残缺和政府权力未受到限制，根本原因在于制度安排缺乏对农民财产权的应有尊重，未建立起农民财产权利有效的保护机制。

我国的农业要降低成本，实现资源的优化配置，实现农业现代化，必须保护好农民的财产权，特别是土地财产权，可能需要具备以下几个基本条件：一是土地归农民个人所有；二是做好土地流转与相对集中工作；三是失地农民的安置与社会保障问题。这些问题主要限制因素是国家法律和政府管理制度，集体土地所有权在收益权和处分权两方面受到限制。

(一) 合理科学的制度安排和顶层设计

1. 由政府发放产权证确权，赋予农民完全财产权利。主要有以下几项财产需要确权颁证

(1) 宅基地和房屋产权。确权颁证，在国土和房产部门登记。

(2) 集体资产股份。实行产权改革，明确农民个人拥有的集体资产股份，颁发股权证。

(3) 承包经营权。农村集体土地先确权，后颁证。对耕地、林地、草地等的承包经营权在二轮延包的基础上，换发新证，标明四至界限和发证日期。

（4）生产设施产权证。为农户在农村土地上依法兴建的农业生产设施颁发产权证。

2. 保障各项权能，完全实现农民财产权利

（1）充分赋予处分权。一是赋予农民对财产的处分权。二是允许农民财产在市场上自由交易处置。三是尽量放宽处分范围、主体和其前置条件限制。建立承包地、宅基地的退出机制。

（2）最大限度地保障收益权。一是农民财产在市场上自由流动。如保障农民宅基地用益物权。二是政府对农民财产交易提供优质服务，确保农民财产交易过程中的合法收益免受侵害。三是规范和丰富农民财产投资的方式，确保农民财产能通过各种适合自己的方式产生收益。如赋予农地承包经营权流转、抵押、担保职能。四是完善农村集体资产（包括集体土地）的收益分配办法，确保农村集体资产收益权的有效实现，扩大农民集体收益分配权。

（3）增强农民合法财产的融资功能。国家相关部门应尽快联合金融机构制定出台相关政策，允许农业设施和农业机械抵质押贷款，大力支持农民通过自有财产获得财产性收入，同时可以探索以农畜产品、特色林果业、林权等为抵押物，向金融机构申请贷款发展其他致富产业，增加农民收入。

（二）依据制度建设修订相关法律法规，严格保护农民财产权利

1. 法律规范农民土地财产权

在规范农民土地财产权之前，需要做的事情是合理地利用土地资源。在这个前提下，首先，根据相关的制度顶层设计，及时修订《土地管理法》《农村土地承包法》《宪法》的相关条款，扫清以往的政策壁垒，简化农地审批手续，建立城乡统一的建设用地市场，允许农村集体经营性建设用地直接进入市场，赋予农民更多土地财产权。其次，通过法律规定建立基于市场价格的征地补偿标准体系。继续完善征地补偿安置措施，保障被征地农民权益，依据市场价格确定补偿标准，及时足额拨付补偿款，让农民享受出让土地使用权收益，增加财产性收入。最后，构建农民土地财产权利的自我保护机制，构建以成员权为核心的财产权利自我保护机制。

2. 制定出台《农村集体经济组织法》

国家应加快出台《农村集体经济组织法》，完善相关制度。首先，要明晰农村集体资产管理主体，明晰农村经济中的各种产权关系，确立农村集体经济组织法律关系主体地位。其次，推进集体资产的折股量化，将农村本集体经济组织中原属于本集体经济组织成员共同所有的财产，采用股份制的形式来明确各自在本集体经济组织中的产权范围，减少因为产权不清产生的纠纷。最后，完善农民集体成员权制度，通过法律法规和相关司法解释的完善对农民集体成员资格的界定，并且进一步完善农村集体成员权的行使规则。通过法律来规范农村集体经济组织及其行为，保护农村集体经济组织及其成员的合法权益，促进农村经济的健康和可持续发展。

3. 从法律上尝试完善二元化的户籍制度

通过法律规定来完善"农转非"户籍制度，可以试点农民进城后，继续保持其对承包土地和宅基地的使用权，进城农民既可拥有城市户口，享有城市户口的养老、医疗、教育、住房及就业保障，同时宅基地、林地和承包地的使用权暂时保留，由农民自行处置，若发生征地拆迁时，农民还可获得相应的征地补偿费和拆迁费。

（三）契合《物权法》对旧土地管理条例进行修改

除了需要补充制定相关的法律法规保护农民的土地财产权外，我们更需要充分使用好现有的法律，保护农民的土地财产权。

《物权法》是在《宪法》中关于保护公民财产的基本精神的基础上制定的，《物权法》是保障我国农民土地权益的基本法，《物权法》中还确立农民是土地直接利益的主体，是具有法律地位的，同时《物权法》还确定土地的承包经营权为物权，其权利人在法律规定范围内可以充分占有与使用、处理土地，并有权利享有土地的收益，极大程度上促进土地的合法流转，进一步提高了农村土地经营的效率。

旧的土地管理条例早已不适应《物权法》，并且阻碍着物权法的实施，在修改旧土地管理条例时，要按照《物权法》相关内容来颁布新土地管理条例。

第四节 知识产权

从20世纪50年代起,国际货物贸易大量增加,大量的货物附有知识产权,相应地就产生了知识产权争议。2002年5月美国麻省理工学院主办的《企业技术评论》杂志发表了"经济萧条,企业兴旺"的专题文章,文章把美国企业在后COM时代的生存法则浓缩成一句话:"或有专利(Patentorperish),或被淘汰。"

在现代商战中,保护知识产权就等于保护市场。外商有诸多反映,中国在知识产权保护方面还存在不足,如中国对侵权行为的惩罚力度不够,还没有达到TRIPS要求的威慑标准。知识产权不可避免成为外国对付中国企业的主要非关税壁垒。

如果说万能的资本是工业文明的标志,知识就是力量则成为知识文明的象征。日本自身的体验更能说明问题,依靠积蓄了近20年的力量,1994年时的日本的确比美国强,但仅过了4年之后的1998年,美国立刻就把日本赚走的7500亿美元拿了回来,这就是知识产权战略发威的结果。美国在20世纪70年代后期对其专利制度进行了改革,1982年建立的集权法院系统(联邦巡回上诉法院)助长了在美国强化保护专利权人的权利。覆盖整个欧洲并有着集中审查系统的欧洲专利局也于20世纪70年代后期建立。唯独日本在这方面无所事事,只是进入21世纪后才开始动作,2002年春,提出"知识产权立国",将其视为基本国策,日本自己承认忽视了在20世纪80年代前后所兴起的知识产权战略。

知识产权发展战略并非发达国家的"专利",发展中国家更有必要研究、制定、实施知识产权发展战略。日本的教训对我国对外贸易发展变化尤为重要,美日两国从正反两个方面所证实的就是国家知识产权战略的功效。

企业关心知识产权应该如同农民关心土地使用权。中国企业在外贸知识产权战略中取得话语权,成了企业可持续发展在海外扩张方面的一个瓶颈,要突破这个瓶颈,可结合中国国情,借鉴国外企业包括跨国公司在知识产权战略中的长处和优势，应该做好以下几点：

一、自主知识产权创新竞争力是取得话语权的基础

知识产权战略的核心作用在于提高企业的核心竞争力，实现企业的可持续发展和利益最大化。企业是实施专利战略的主体，也是技术创新的主体，这已成为共识。

由于自主知识产权创新竞争力的薄弱，先前国内企业深有体会的当数 DVD 之痛：2002 年，时代华纳、日立、IBM、松下、三菱、东芝六大技术开发商组成的"6C 联盟"控诉我国 DVD 生产厂商侵权，致使我国的生产厂商每生产一台 DVD 就要付 4.5 美元的专利许可费，一共必须赔付 230 亿元。

事实上，2004 年中国影碟机仍然拥有着超过 6000 万台的产能，但这个巨大的数字对利润却没有任何正面影响，因为每台影碟机都必须缴纳 12~18 美元的专利费。

压力产生动力，要提高企业自主知识产权创新竞争力，应为企业健康、持续发展提供足够的智力支持。应该做到以下几点：

（一）改革企业的科研体制

国外科技创新由下而上，70%的科研人员在企业，在中国这个数字则只有27%。知识产权是种特殊的财产权，以知识为基础，知识在投入应用后，和市场结合起来，转化为生产力。由于企业的目标是追求利润的最大化，企业的科研更能与市场进行紧密结合。早在 2001 年 10 月 15 日，美国知识产权工作指南中就指出，"发明和创新的速度似乎是以日来计的，知识产权越来越成为公司的重要财产，知识产权保护成为每个公司理念的最前沿"。因此改革科研体制已是提高企业自主知识产权创新竞争力的过程中迫在眉睫需要解决的问题。

（二）在企业管理层面上注重专利申请数和逐年的增长率

这需要激发企业员工的创造发明能力。一方面，物质利益是很重要的；另一方面，有一些超乎物质驱动，源于人的精神性创造的管理机制也相当重要。例如，日本引进美国一些好的促进原创性的管理思路，包括让研发人员甚至任何一个员工在一定领域内做有兴趣的事，以有助于原创性发明。在面临亚洲金融危机

时，日本有一个研究所大量裁员，但人均开发费用的投入并没有减少，同时引入了促进原创性发明的感觉机制，比如规定 5 个 40 岁以下的研究者可以组成一个小组，围绕公司主业每周抽出一天做想做的课题，费用由公司承担。

作为发明创造的成果，每年企业的专利申请数和增加率就是衡量企业自主知识产权创新竞争力的标准之一。十八大以来，中国研发经费投入强度持续提升。2017 年我国研发经费投入总量为 17500 亿元，从全球来看，中国研发经费投入总量目前仅次于美国，居世界第二位。

作为支持国家知识产权战略实施的基础，美国的科技活动近十余年也处于十分活跃的时期。与美国相比，我国企业研发投入仍有很大的差距。2015 年我国研发支出 1.42 万亿元，仅为美国的 45%，2017 年研发投入强度 2.1%，低于美国的 2.8%。欧盟委员会（EU）公布 2017 年工业研发投入（R&D）排行榜显示，排名前 100 位的企业按国家和地区来看，美国占 36 家，位居首位。接下来是日本 14 家，德国 13 家，中国 10 家（含台湾省 3 家）。美国的专利申请一直保持快速上升势头，特别是 1995 年以后呈加速趋势，每年的专利申请增加率接近或超过 10%。美国是世界第一大专利国，在巨大基数之上每年还有如此巨大的专利增量，只能解释为企业对知识产权战略话语权的把握得当。

（三）处理好技术创新和技术仿制的问题

单从犯罪学的角度看，有关知识产权的犯罪和其他任何别的犯罪一样无可避免，只不过它有自身的发生和发展的规律。任何一个后进国家要想赶上发达国家都无法避免在学习和模仿过程中侵犯他人的权利。翻翻东邻日本在 20 世纪 50 年代的发展史便可证实。在 20 世纪 70 年代，日本同样成为美国最重要的打击对象。先进国家对其追赶者在知识产权问题上大规模围剿一般都会有一个 20 年左右的滞后期。而中国在 20 世纪 80 年代后取代日本成为美国的重点报复对象。

经济发展到一定的程度之后，作为原始积累的模仿的仿制侵权就不再有空间——规模性的生产会受到拥有相关知识产权权利人的密切关注，我国出口产品频繁遭遇外国专利权的阻击就是例子。发达国家利用知识产权向我国发难的产品，往往是我国新兴高科技出口产品，具有明显的竞争力，而且其发难时机的选择往往是在该产品高成长期，一旦出现问题，将使我国企业陷入十分被动的局面。

发展中国家的经济地位决定了企业学习和模仿他国技术的不可避免，但这个阶段也只是个过程，企业要把握好这个阶段，做到迅速超越这个阶段，超越技术仿制而进入技术创新阶段。如何将技术仿制转换为技术创新，应该成为当前很多企业值得重视的问题，面对着日趋严峻的知识产权纠纷，一味地学习和模仿只会自投罗网，自掘坟墓。2018年6月，中兴事件落幕，美国商务部宣布结束对中兴的商业制裁，对中兴征收高达10亿美元的罚款，与此同时，中兴还需要向第三方存管缴纳4亿美元保证金，一旦违反了美国商务部的相关规定，这4亿美元别想要了，马上没收，同时禁令重新生效。14亿美元的"保护费"也不是买断制的，而是有个10年的使用期，10年后，美国会再派调查组审核，前前后后算下来，中兴向美国交了将近26亿美元的罚金！就是白干两年，中兴也不一定能挣得回来。

只有加强技术研发，掌握核心技术，才能在知识产权方面掌握主动。以华为为例，虽然遭遇思科等的围堵，但由于持续不断的研发投入，其在专利申请、标准制定、自主创新等方面已经走在了世界前列，并且已经与多家世界跨国巨头建立了专利交叉许可。

二、积极应付国际间知识产权挑战是取得话语权的前提

20世纪80年代，日本企业在美国侵权诉讼面前普遍持回避姿态，因此付出了高昂的代价：美国得克萨斯州一公司起诉日本7家公司，最后这7家日本公司每家付出了高达3000万美元的专利费，1986~1993年，得州这家公司共获得20亿美元的收入。此后，美国公司开始群起效仿得州这家公司的做法，更多的日本企业为此付出同样惨重代价。直到20世纪90年代初以后，日本公司开始直面美国企业界的这种知识产权挑战，局面才得到逐步缓解。

积极应付国际间知识产权挑战包括两方面的含义。

首先是自己要具备一定的实力。国内企业应转变经营思想，树立品牌战略，不能只满足于做给跨国公司打工的装配者，而应做民族品牌的创造者，全面加快知识产权开发力度，走自主创新之路。这就是上述的自主知识产权创新

竞争力问题。

其次是要做到知己知彼。如果只做井底之蛙，埋头只搞科技创新，而不熟悉主要贸易国的知识产权战略，就如同一个人的两条腿一长一短，势必也会严重影响到企业的海外扩展。商场如战场，古语说得好，只有知己知彼，才有可能百战不殆。

以美国为例，据其统计，目前近50%的美国出口依赖某种形式的知识产权保护，而在20世纪50年代这一比例只有10%。

而说到知识产权调查与保护，美国国际贸易委员会的"337调查"具有典型的意义。"337调查"指的是美国国际贸易委员会根据美国《1930年关税法》(Tariff Act of 1930)第337条款对进口相关的某些投诉进行调查，并作出裁决。此条款规定：美国国际贸易委员会根据收到的投诉可以决定对某些与知识产权相关的进口行为进行调查。如果进口产品侵犯美国专利、美国注册商标、美国注册版权等某些种类的知识产权，该进口即属于不公平进口，而无须证明该进口对美国产业会造成损害。大多数情况下，"337调查"请求的理由是进口产品侵犯美国专利或美国注册商标。在某些情况下，"337调查"对中国企业的影响，可能不限于被列入投诉书的企业，对整个行业可能会有影响。

面对美国这种涉及知识产权方面的"337调查"，我国企业正确的处理方式应该是对具体情况作认真的分析。在做出决定之前，应当充分考虑以下问题：①"337调查"涉及的产品在美国市场的前景；②"337调查"涉及的产品是否有替代品；③"337调查"涉及的产品被确认侵权的可能性；④与对方和解的可能性、必要性和可能的代价；⑤抗辩的法律费用；⑥应对时间的紧迫性。

通常积极的应对方式有两种：①依程序抗辩；②与对方达成和解。

据不完全统计，在被投诉人积极抗辩的"337调查"案件中，约有一半的抗辩取得成功。但由于"337调查"本身有贸易保护主义色彩，其程序本身对非美国企业有客观上的不公平。中国企业一般存在语言困难和缺乏对美国法律服务市场的了解，在规定的时间内找到合适的律师、准备答辩的证据和理由、准备好答辩并非一件容易的事。再者，"337调查"抗辩需要花费的律师费数额大，对许多中国企业来说，是非常大的一笔支出。

另一种可行的办法就是选择和解。在已经结案的"337调查"案中，约有一半左右的案件当事人达成和解。当投诉方和被投诉方达成和解时，在行政法裁判官和美国国际贸易委员会认为和解与公众利益不相冲突时，才会终止调查。但从已经结案的"337调查"案看，美国国际贸易委员会一般会同意当事人的和解方案而裁决终止"337调查"。

达成和解的前提往往必须是被投诉方自身确有实力，与投诉方同样拥有诱人的专利。这样，双方就有可能通过谈判，以"我也同意你使用我的专利权"的方式达成和解。

美国本国企业在处理知识产权纠纷案的一大特色，即庭外和解。美国拥有一支专业素质较高的律师队伍，因此美国知识产权纠纷案件多数在原被告双方代理律师的不断接触和商讨中得到解决，经双方律师商讨后仍不能解决的才诉诸法庭；由于美国解决纠纷的方式是法庭审判，法庭审理的时间较长，纠纷双方的代理费和诉讼费支出较大，因此多数纠纷当事人都希望通过律师之间的商讨得到解决，事实上许多纠纷也是这样解决的。

根据中国企业的实际情况，并借鉴美国处理知识产权纠纷案的特色，在积极应付国际间知识产权挑战的过程中，不失时机地采用和解方式无疑是一个双赢的选择。

三、知识产权管理竞争力是取得话语权的关键

就目前而言，中国企业在提高外贸知识产权管理竞争力方面的无所作为是企业取得话语权的软肋。

在美国多数企业中，知识产权保护与管理是企业经营管理活动中的重要环节，知识产权管理部门在企业经营管理中，从整体管理体系的定位到管理部门的设置、人员的配备及实际职能，都具有重要地位，决策层重视知识产权保护工作。参照美、日、德三国企业的做法，结合中国的国情，我国企业应该采取以下措施：

（一）制定企业外贸知识产权战略

企业知识产权战略研究主要有：专利进攻战略、专利防御战略、专利发展战略、驰名商标战略等。此外，品牌发展战略和忠诚营销战略也与知识产权战略有

关。美国是专利战略的创始国,企业运用专利战略已有80多年的历史,长期以来,由于美国拥有科技领先的优势,企业大多采用进攻型专利战略。中国企业应把专利战略作为企业发展战略和竞争战略的核心,作为参与国际竞争的有力武器,并根据自身的实际发展情况,在不同的阶段采取不同的知识产权战略。

树立保护意识是制定企业外贸知识产权战略的核心。保护意识包含两层意义:一方面是自我保护,即阻止国外同行进入;另一方面则意味着海外扩张。

专利保护是有地域性的,如果只在中国国内申请专利而不在美国申请,当然就无法在美国受到专利保护。中国企业应该在开始考虑进军国外的潜在市场之前,就着手向该国申请专利保护,而不是等到产品进入该国之后。

众所周知,日本是靠提高应用技术能力来增强其国际竞争力的。20世纪80年代,日本产品以物美价廉而充斥全球,并使日本的国际竞争力在1992年位居世界首位。但物美价廉已不再适合今天的日本企业了,随着日本劳动力成本的提高和新兴亚洲国家及地区的竞争,日本的竞争力开始下降,2002年降至第30位。日本自己反省后认为其原因是没有阻止其他企业进入自己的市场,日本企业认为今后的方向是走阻止同行竞争的道路,用专利及知识产权在市场上构筑防线。

美国企业在高度重视研究开发的同时,不仅高度重视专利权的获取,而且特别重视海外专利权的获取。许多企业目前已经不只是为已经研究开发的技术申请专利,而且利用专利手段在新技术领域进行"圈地运动",划地为界,据为己有,以形成大批所谓战略性专利,建立以专利为基础的垄断格局。美国企业不仅重视国内专利权的保护,而且十分重视其专利权在国外的保护问题。

目前中国商标已进入了被境外抢注的高峰期,驰名商标、知名商标和原产地保护产品名称是境外抢注的热门。据调查,在菲律宾你只能看见"美的"和"海尔"的家电产品,国内其他的家电品牌不能立足的原因是:国内企业没有在菲律宾注册商标,而这些商标却被当地人抢注在先。由于很难证明这样的"抢注"行为是恶意的、无效的,国内企业自己创造的无形资产在这里变得一文不值。

海尔集团的知识产权理念比较好,它的专利申报数量非常多,它的产品市场竞争力相对来说比较强。所以,通过知识产权保护,企业在技术创新和市场竞争能力这两者之间，可以形成一个良性的循环。

另外要注意的是，中国企业也应加强自身的传统知识产权保护，不要只想到将非常现代的、高精尖的东西在国外申请专利保护，像中药这样传统的东西也应该申请，以便让想生产中成药的外国人和外企为此付出专利费。

（二）组织专门机构运作知识产权

知识产权的运作包括三个方面：

1. 将知识产权推向市场，直接为企业创造经济效益

国外大公司通常将知识产权从有形资产中分离出来，由集团公司本部进行独立管理和直接经营，知识产权管理机构参与相关的管理工作。IBM 公司 2001 年的盈利为 74 亿美元，其中知识产权资产的运营收益为 17 亿美元。另外，据日本专利协会统计，有 40% 以上的日本企业知识产权运营收益扣除知识产权费用后都有盈利。

在跨国公司的企业管理中，知识产权管理占据了非常重要的位置。以德国西门子公司为例，它在全球设有 12 个知识产权管理部，400 名知识产权管理人员管理着该公司各类知识产权约 15 万项。荷兰飞利浦公司在全球设有 10 个知识产权办公室，也有约 150 名知识产权专业人员，管理该公司的 6.5 万个专利、2.1 万个商标和 6000 个外观设计。

企业进行境外投资、扩张，除了投入资金、设备等有形资产以外，更应注重投入技术、品牌、经营、商誉等以知识产权为核心和主要内容的无形资产。定牌加工则是其中很重要的一种知识产权无形资产投入方式。例如，美国可口可乐公司的灌装厂遍布世界，它的主要投资无非是它的品牌、以商业秘密保护的"母液"以及经营、商誉等知识产权。

2. 参与知识产权的纠纷和诉讼处理

知识产权，本质上是一种垄断法。一般知识产权诉讼案的目的无外乎有两个，一个是真正的维权，对侵犯自己知识产权的行为进行斗争；另一个则是利用诉讼打击竞争对手，诉讼不过是其虚张声势的一个幌子和借口。无论出于何种目的，知识产权诉讼本来就是打击竞争对手的工具，无论在国外企业之间还是针对中国企业都是如此，没有经济利益的知识产权是没有人关心的。

如 2005 年我国企业碰到的知识产权第一案：英特尔委托北京金杜律师事务所向深圳市中级人民法院递交诉状，称"深圳东进通讯技术公司（被告）未经英特尔（原告）许可，复制、发行以及通过信息网络传播原告的软件 Intel Dialogic System Release5.1.1 版本的头文件，其行为构成了对原告知识产权的侵权"。东进公司董事长李如江在公司遭到起诉后表示，并非是因为东进公司真正侵犯了英特尔的知识产权，而是掉进了英特尔精心布置的知识产权诉讼陷阱。英特尔意在通过知识产权诉讼将其阻止在美国市场的大门之外。

在这个科技日新月异的时代，企业在知识产权方面将会面临更多与国外企业对簿公堂的泥潭，这也是经济发展的必然趋势。面对这种趋势，每个企业都应作好充分的准备，专门机构的设置显得尤为重要，在遇到突然的知识产权诉讼时，它的功能类似于应急机制，面临不同的合理的或不合理的知识产权诉讼，都能尽自己最大努力，依靠实践和经验，令自己的利益受损最小化。

3. 对专利信息进行研究

首先，对专利信息进行收集，并提供给决策层。美国全国科学基金会调查了日本日立、三菱、松下等许多公司，调查报告认为，几乎所有的日本企业都极为重视专利信息的研究和利用；在美国研究院所和大学建有上千个情报站，收集美国发明和专利信息。当前国外专利指标研究的热点更集中在发明专利的质量评价上，他们关注专利质量是在一个更高的层面上研究专利发展问题。有报道说，日本特许厅甚至呼吁要采取措施减少专利申请数量。

其次，为科研人员提供专利文献。为了促进科研人员的技术创新活动，日本、德国、美国的大公司都建立了知识产权数据库。例如，阿尔卡特-阿尔斯通公司建有交通和能源专利文献数据库，法国宇航公司建有宇航专利文献数据库，并且购买英国德温特世界专利文献光盘，定期将收集到的专利文献提供给科研人员，督促科研人员在高起点上创新。另外，利用专利文献可以为科研人员提供竞争对手的研究情况。工作程序是，确定主要竞争对手，检索竞争对手的专利文献，将检出的文献交给研究人员分析，提出相应对策等。

（三）知识产权机构人才培训

与上述专门机构相配套的是在这个专门机构内工作的知识产权人才。国外企业专利工作人员分为专利工作者和专利工程师两种,他们承担着鼓励企业雇员技术创新、保护和使用发明创造、通过法律手段提高竞争能力的重要任务,因而必须加强知识产权人员培训,提高其业务素质。在人才的分工和培训方面,可借鉴德国企业的模式。

1. 对专利工作者的培训

主要包括自然科学、专利法等法律知识和处理专利工作的实际能力的培训。对专利工作者的基本素质要求为大学理工科本科以上学历,毕业后从事科学技术工作一年以上,或者具有理工科大专学历,毕业后从事科学技术工作多年。

对专利工作者的具体培训。上述人员首先参加国家规定内容的培训,然后参加专利局举办的企业专利工作者资格考试,考试成绩合格的才拥有从事专利工作的资格。要成为企业专利工作者,需先在大企业专利处或专利事务所学习实践一段时间,然后到国内或国外法院学习一段时间,了解法官如何审查专利纠纷案,再到专利局学习一段时间,学习审查员如何审批专利,了解审批的全过程,最后参加专利局举办的专利工作者考试。考试的内容包括自然科学、专利法等法律知识和处理专利工作实际能力。

2. 对专利工程师的培训

德国企业专利工程师的条件及培训没有统一的规定,但各企业有自己的要求和做法。一般专利工程师是从本企业的技术人员中选拔,在专利处工作数年后,能够独立负责所属专业范围内的专利工作,才能成为专利工程师。德国企业认为,专利工程师必须是技术领域的专家,才易于了解该专业的发明创造,容易同科技人员建立密切的工作联系,熟悉现有技术状况和发展趋势,能够掌握竞争对手的专利情况。德国企业的情况表明,企业专利工程师按专业进行配置,有利于高质量完成所承担的任务。

只有顺利完成对知识产权机构人才的培训,才能使企业的知识产权专门机构更高效地运作。

除了以上几点之外,有必要通过制定相关知识产权的法律加强对本国知识产权的保护,政府要采取一定的优惠政策鼓励企业进行知识产权的创新,保护好本国的知识产权,同时不要侵犯到别国的知识产权。

第七章 完善市场决定资源配置的社会主义现代化市场经济体系

第一节 促进市场决定资源配置的竞争政策

一、逐步确立竞争政策的基础性地位

竞争政策就是市场经济国家为了保护和促进市场竞争而实施的经济政策和法律。自从亚当·斯密提出"看不见的手"的理论以来,在西方成熟市场经济国家,竞争政策作为主导性的经济政策,通过保护和促进市场竞争,确保竞争机制在市场中发挥作用,从而提高生产效率,达到优化资源配置的目的。

2013年11月党的十八届三中全会《关于全面深化改革若干重大问题的决定》首次提出,要发挥市场在资源配置中的决定性作用,减少政府不适当干预竞争行为。2014年10月党的十八届四中全会进一步提出,要建立行政机关内部重大决策合法性审查机制。在2015年3月发布的《中共中央国务院关于深化体制机制改革加快实施创新驱动发展战略的若干意见》中,竞争政策已经被提升到了和产业政策同等重要的地位。之后,为了约束政府对市场的不当干预、减少政府反竞争行为的不良影响,党中央和国务院的多个文件均提及竞争政策,竞争政策的基础性地位逐渐成为改革共识,这标志着我国经济政策取向已发生重大变化,在推进产业政策的同时,也在逐步加强竞争政策。

在市场经济改革的新形势下，应该在顶层设计中进一步发挥竞争政策的作用，并妥善处理好其与产业政策之间的关系。产业政策与竞争政策作为国家调控经济的政策工具，具有明显的差别：产业政策往往是短期的或者有时间限度的，由政府主导并以行政手段居多；而竞争政策则是长效机制、市场化机制，按照市场的规律运行。

长期以来，我国一直将产业政策作为主导性的经济政策，而竞争政策少有被提及，这是符合过去几十年来中国经济发展国情的经济政策，然而，改革开放40年以来，随着我国经济的发展和社会生产力的提高，经济政策也应与经济发展规律相吻合，为了推进高质量发展和促进市场更好地在资源配置中起决定性作用，应该逐步确立竞争政策的基础性地位。

竞争政策的基础性地位是指以竞争的基本理念影响和指导其他经济政策的制定和实施，是"敦促其他经济政策改善竞争环境的经济政策"。这是由市场经济本身的特点所决定的，尽管在短时期内，竞争政策不可能完全取代产业政策，但一定要逐步在产业政策的制定、实施和评估环节加入竞争政策的理念和保障。

二、进一步完善反垄断法

（一）实行竞争政策的两部大法

目前，《中华人民共和国反不正当竞争法》和《反垄断法》是我国出台的实行国家竞争政策的主要法律。

《中华人民共和国反不正当竞争法》是为保障社会主义市场经济健康发展，鼓励和保护公平竞争，制止不正当竞争行为，保护经营者和消费者的合法权益制定的法律。

2018年是我国《反垄断法》颁布实施10周年，确立了竞争政策的基础性地位，建立了公平竞争审查制度。

（二）我国反垄断法治化水平不断提高

自《反垄断法》实施以来，中国特色反垄断法律体系不断完善。国务院出台了相关行政法规，反垄断执法机关先后出台了部门规章12部、规范性文件3部、办事指南和指导意见10部，大大提高了反垄断法律规范的可操作性。

（1）企业垄断行为受到监督和依法惩治。比如利乐公司滥用市场支配地位案，历经4年零10个月的调查，行政处罚决定书长达47页，最终确定利乐集团6家企业滥用市场支配地位行为成立，监管部门对其开出高达6.7亿元的罚单。利乐公司无正当理由搭售、限定交易等非法垄断行为得到纠正，相关市场的竞争秩序得以恢复。

（2）政府滥用行政权力被叫停并受到惩处。2016年发现的"十二个省份相关政府部门在'新居配'建设中滥用行政权力排除限制竞争案"就是典型。本案涉及12个省份在"新居配"建设市场中颁布的2部省政府令、2份省级政府办公厅文件、8份省政府部门文件。因产生排除、限制竞争效果，这些文件先后被废止、停止执行或修改，"新居配"建设市场的公平竞争秩序得以恢复。

（3）严厉打击民生领域的价格垄断行为。我国围绕企业和消费者反映强烈的突出问题，严厉查处燃气、供电、供水、电信、黄金饰品、乳粉等民生领域价格垄断行为，深入开展公用事业限制竞争和垄断行为专项整治，保障和改善民生。

（三）进一步完善反垄断法

随着我国经济的高速发展，过去10年，在反垄断领域不断出现新情况新问题，应明确新的适用原则，为反垄断执法、司法和守法提供更具可操作性的规范依据。经济高质量发展对竞争政策的实施提出新要求，要在推进供给侧结构性改革，鼓励创新和提高资源配置效率等方面发挥更大作用。

首先，要重视与新产业新行业相匹配的反垄断法律的增补。如互联网经济等新经济业态对反垄断执法提出新要求，在一些新的经济领域，反垄断执法已经无法照搬传统的分析思路和评估方法。随着数字经济的发展，其影响越来越巨大，要勇于创新与数字经济相适应的反垄断政策法规。

其次，要加强反垄断国际交流合作。一方面，要学习国外反垄断执法机构的经验，学习借鉴其先进理论、技术，密切跟踪其重大执法案件，精准分析鉴别其重大反垄断政策；另一方面，随着经济全球化和企业竞争国际化的深入，对加强反垄断国际合作提出新要求，我们要加强反垄断国际交流合作，共同维护国际市场的公平竞争。

三、全面规制政府限制竞争行为

政府反竞争行为一般表现为地方保护和行业保护、强制交易或指定交易。这些行为妨碍了全国统一大市场的建立,破坏了公平竞争的市场秩序。随着经济体制改革的不断深入,政府利用行政权力通过制定(拟定)法规和政策不当干预市场的反竞争行为越来越成为市场经济持续发展的主要障碍。对于政府的反竞争行为,反垄断执法规制有一定的局限。

一方面,要尽快推进竞争政策法制化。竞争政策处于基础性地位,尤其要推进公平竞争审查制度法制化,与反垄断法律制度有效衔接,以明确政府与市场间的关系,保障市场在资源配置中的决定性地位,更好地发挥政府作用。

另一方面,要建立事前事中的防范机制。我国对于政府反竞争行为的规制以往主要通过事后的竞争执法、司法实现。如2013年12月,商务部、税务总局会同12个部门联合发布了《消除地区封锁、打破行业垄断工作方案》,在全国范围内部署开展消除地区封锁、打破行业垄断工作。但事后规制对市场竞争的损害太大,矫正的成本也太大,应建立事前事中的防范机制。事前对政府的市场干预行为进行竞争评估,能够从源头上防范乃至杜绝政府反竞争行为。作为正处于经济转型时期的国家,为更好地实施竞争政策,充分发挥市场的决定性作用,应积极建构完备的公平竞争审查制度,对政府反竞争行为从源头上进行有效规制。

四、强力实施公平竞争审查制度

尽管反垄断法在规制行政性垄断方面卓有成效,但是,已形成的市场壁垒很难消除,即使消除,行政垄断已经造成的后果也难以弥补和恢复。以竞争损害为标准的行政审查制度的实施势在必行。

实施竞争性审查评估不仅将政府的反竞争行为置于政府经济权力运行规制的整体目标之下,而且将政府经济权力的运行全面纳入国家竞争政策的制度建设之中,这是理清政府与市场关系的治本之策。

从制度设置的原理上讲,公平竞争审查制度旨在解决政府干预过多、干预不合理而损害竞争的问题,保障各类市场主体平等地使用生产要素、公平参与市场竞争。实施公平竞争审查制度是国际社会广泛应用的规制政府行为的有效制度，我国市场经济亟须建立公平竞争审查制度。

2016年6月14日，国务院出台了《关于在市场体系建设中建立公平竞争审查制度的意见》（国发〔2016〕34号，以下简称《意见》），首次详细阐述了建立公平竞争审查制度的重要性、紧迫性，制度的总体要求和基本原则，并对审查的对象、方式、标准和例外情况予以明确规定，这标志着期待已久的公平竞争审查制度落地。未来这项制度可能还需要在以下几个方面完成一些具体的转变，或者至少需要采取一些过渡措施。

（一）审查对象更加全面

当前可根据个别情况对个别法律、行政法规或者地方性法规组织审查，采取个别发现、个别纠正的办法。从长远看，应当尽快扩大公平竞争审查的对象范围，把法律、行政法规、地方性法规及其草案列入常规的公平竞争审查范围。

（二）审查主体外部独立

外部独立主体进行公平竞争审查是大方向，在过渡阶段可由确定专门机关负责审查口径的指导和组织复查。经验表明，竞争主管部门对公平竞争审查的参与非常重要。当前可行的过渡方案是，由从事竞争政策研究实施的部门对各方审查主体在审查的口径上给予政策指导，并组织对审查结果的复查。未来我国也应当建立起在竞争主管部门深度参与下的外部主体独立审查机制。

（三）审查方法从定性分析向定量分析过渡

定性分析是公平竞争审查的基础方法，是定量分析的前提。在起步之初，定性分析方法简便易行。但未来面临的一定是越来越复杂的综合情境，定性判断可能难以应对，因此在定性分析的基础上，定量的分析方法要越来越多地引入公平竞争审查。

（四）审查节点从事后审查向事中审查过渡

事后审查纠正不仅意味着试错成本已经产生，还需要追加纠正成本，这些都将由全社会共同负担。因此，健全的公平竞争审查制度应当以法律政策制定的事中环节审查为主。

(五) 赋予审查以法律效力

审查形式应从政策性审查向法律性审查过渡。要确保这些立法机关接受公平竞争审查的结论，需要给予公平竞争审查一定的法律地位，这样公平竞争审查就不再是依据一项政策文件而开展的临时性工作，成为了依法行使职权，其结论对于立法机关的影响力才能够有效提高。

以竞争政策为路径，以反垄断法和公平竞争审查制度为双翼，对以行政权力为来源所实施的限制竞争行为进行规制，是完整有效的制度安排。

除了以上几点，还要在垄断行业中引入竞争、深化国有企业改革、发展中小微型企业、确立消费者选择标准等，每一项改革都要与竞争政策的目标高度契合。只有确立以竞争政策为主导的政策体系，才能更好地促进市场在资源配置中起决定性作用。

第二节 完善社会保障制度

在市场决定资源配置的过程中，市场也会有失灵的现象存在，政府纠正市场失灵的主要范畴之一就是解决市场决定资源配置导致的不平衡不充分的矛盾。"社会主义市场经济的运行既有效率目标又有公平目标，政府有责任促进社会公平正义克服这种市场失灵，以体现社会主义的要求。政府贯彻公平目标的作用主要不是进入资源配置领域，而是进入收入分配领域，依法规范企业初次分配行为更多地通过再分配和主导社会保障解决公平问题"。在克服市场失灵方面，政府作用要尊重市场决定的方向，即使要协调，政府也是在不改变资源在市场决定下流向的前提下，利用自己掌握的财政资源和公共资源按公平原则进行转移支付和社会保障。

稳定安全预期的公平、可持续的社会保障制度，不仅是化解社会矛盾、促进社会公平的法宝，而且是保证经济可持续发展的前提，也是保障市场决定资源配置能够顺利进行的民生基础。

经过多年的建设发展，我国社会保障体系越来越完善。中华人民共和国成立以来，我国社会保障体系建设，总体上经历了一个从"无"到"有"和从"单一而割裂"到"多元而综合"的发展过程。在经历一系列的调整与改革之后，我国已经逐步建成了涵盖社会保险、社会福利、优抚安置、社会救助和住房保障等在内的社会保障体系的基本框架。

第一，社会保障体系基本完成。我国社会保障实现了私企、国企的跨越，实现了城乡二元化的跨越，实现了不同年龄的跨越，基本实现了社会保障的全覆盖，初步形成了以社会保险、社会救助、社会福利为基础，以基本养老、基本医疗、最低生活保障制度为重点的社会保障体系框架。

第二，社会保障水平显著提高。在养老保险方面，2005~2018年，国家连续较大幅度调整企业退休人员基本养老金水平。同时，医疗保险、失业保险、工伤保险、生育保险以及城乡低保、农村五保、优抚对象抚恤和生活补助标准均进一步提高。

第三，社会保障受益人群数量大幅增加。据人力资源和社会保障部统计，相比十几年前，当前我国城镇基本养老保险、城镇基本医疗保险、失业保险、工伤保险、生育保险的参保人数均显著增加。特别是医疗保险，由于实行了新农合和城镇居民基本医疗保险制度，覆盖人数大幅度提升。

一、现行社会保障制度面临的问题

（一）老问题和新情况不断出现

1. 以个人为单位的人口老龄化的挑战

我国早在1999年就已进入老龄化社会。

首先，我国老龄人口基数大，数量会越来越明显地增加。截至2013年底，中国60岁及以上人口达20243万人，其中：65岁及以上人口13161万人，占总人口的比重从2000年的7%上升到9.7%。

其次，老龄人口增长速度快，占总人口比重很快就会急剧上升。中国作为一个发展中国家，人口老龄化程度和速度紧随日本和欧洲发达国家。预计到2050年，60岁及以上老年人口将超过4亿，占总人口的30%以上。

最后，高龄化现象也是个极大挑战。由北京大学、中国老龄科学研究中心、中国社科院等联合完成的一份针对80岁以上高龄老人的社会调查表明：预计到2050年，我国高龄老人将以年均4.6%的速度递增，比60岁以上老年人的2.5%和总人口0.4%的年增长速度都快；高龄老人数量将从1200万增加到1.14亿以上，占老年人口的比重由9%上升到25%，到那时每10个人或每4个老年人中就有1名高龄老人。伴随老龄化、高龄化而来的是失能老人、半失能老人也在增长。

在人均寿命不断延长和计划生育政策的综合影响下，中国已是当今世界人口老龄化速度最快、老年人口规模最大的国家。在这样的人口背景下，老年人的公共支出将急剧增长，养老金支付、医疗保险基金支出、养老服务的供给压力会持续攀升，特别是家庭规模的大幅度缩减必然会导致对养老服务需求的持续大幅攀升。

2. 以家庭为单位的家庭保障功能的弱化和缺失

首先，独生子女的赡养负担重。多年来，我国通过实施严格的计划生育政策，家庭户人口持续减少，已基本形成了"四二一"或"四二二"的家庭结构。也就是说一对夫妻要赡养四个老人、抚养一个或两个小孩。

其次，独生子女家庭面临"失独"风险。据估计，我国至少有100万个家庭失去独生子女，成为"失独家庭"，每年新增失独家庭7.6万个。

最后，"空巢家庭"占比越来越大。2000年，65岁以上老年人口生活在"空巢家庭"的占22.8%。2009年，城乡老年人家庭中"空巢家庭"均超过50%，部分城市大于70%。

家庭保障功能的弱化，相应地就需要社会保障功能强大到足够弥补这样的缺失。

(二) 社会保障体系运转的财务性可持续发展问题

我国的社会保障体系运转存在财务上的可持续性发展问题，在养老保险基金个人账户的"空账运行"、巨大资金缺口、医疗保险费用的过快上涨、如何实现社会保险基金的保值增值等方面的问题亟须解决。这些问题都涉及整个社会保障体系能否正常运转。例如，有统计表明，目前我国社会保险基金的年均收益与同期银行活期存款利息水平相当，社会保险基金的不断"缩水"已经成为常态。以养老保险基金为例，2015年城镇职工基本养老保险个人账户累计记账额（即"空账"）达到47144亿元，而当年城镇职工养老保险基金累计结余额只有35345亿元，这表明城镇职工基本养老保险制度资产和负债之间缺口越来越大，预计在不久的将来，基金累计结余将会被耗尽。2017养老金已出现缺口，养老保险进入三级风险区，并动用累计结余来"保发放"。

（三）社会保障再分配功能也存在发展不充分不平衡的问题

首先，社会保障发展水平总体低下。根据平安养老保险股份有限公司发布的《2014年中国企业员工福利保障指数大中城市报告》可知，尽管社会保险覆盖率超过90%，但由于待遇水平较低和补充保险的不足等原因，当前我国大中城市企业员工的福利保障仍然处于"基础水平的中间偏下位置"。

其次，社会保障待遇存在着差距。改革开放以来，逐步造就了城镇居民、乡村居民和农民工社会保障制度的"三元格局"。就业的灵活性与人口迁移的频繁性，致使社会保险的异地衔接及权益维护难以得到保障，社会救助制度亦不能有效伴随，以地域为条件的相关福利制度安排也往往将流动人口排斥在外。中国现在的流动人口规模在2亿~3亿，主要是以农民工为主体。农民工不仅面临着社会保障制度设计不完善和缴费负担过重的问题，同时也面临着缺乏社会救助、社会福利和就业指导等基本公共服务的困境。一方面，在城乡分割、地区分割的传统格局中，城市和发达地区享受了最大的社会保障利益（养老保险、医疗保险等）分配，这种社会保障的差异直接阻滞着中国社会保障制度的有机整合与统筹层次的提升；另一方面，政府、企业与个人之间，以及不同群体之间在社会保障制度中也存在着利益失衡，如机关事业单位与企业职工之间的养老保险权益、公积金权益乃至职业福利权益等均存在着较大差距。

（四）社会保障制度本身存在一些现实性的问题

（1）社会保障制度自身风险较大。社会保障工作任务艰巨、头绪繁多，社会保障管理运行过程中潜藏着巨大的道德风险、财务风险、技术风险和体制风险。

（2）当前我国社会保障管理体制的问题。社会保障管理存在多头管理的现象。当前我国社会保障管理呈现由人力资源和社会保障部、民政部两家主管，其他部委多家协管的格局：社会保险由人社部管理，社会救济和社会福利特别是最低生活保障由民政部管理；农村合作医疗由卫生部管理；住房公积金和保障性住房由住房和城乡建设部管理；企业年金由人社部、保监会、证监会、银监会按照各自的管辖范围共同管理。

多头管理的问题尤其集中地体现在医疗保障方面。目前，我国的医疗保障主要由三个部门分别管理：职工基本医疗保险、城镇居民基本医疗保险由人力资源和社会保障部门管理；新型农村合作医疗由卫生部门管理；城乡医疗救助由民政部门管理。此外，随着新农保的推行，在城乡二元体制下，部门之间缺乏联动机制，基层社会保障部门超负荷运转。

（3）社会保障管理服务未能有效整合。由于社会保障的多头管理，导致社会保障管理服务平台未能有效整合，信息沟通、资金监管、管理能力等方面存在问题。第一，信息沟通不畅。不同管理部门的社会保障平台各自为政，人员基本信息和业务流程重复采集、重复建设。第二，资金监管效率低。社会保险资金分散在不同的管理部门操作，风险节点多，不利于提高风险监控效率。第三，管理力量薄弱。各个社会保障经办机构都面临着任务加重、力量不足、手段落后、管理风险加大等压力。按照国际标准，经办人员与参保人员比例一般是1∶2000左右，我国平均大约是1∶6000，有的地方甚至达到1∶40000。越往基层，具体经办人越少，势必会影响到管理和服务的质量。

二、完善社会保障体系

（一）社会保障顶层设计

在国家最高层面的顶层制度设计中，应准确体现出对社会保障制度的定位，包括追求目标、结构与功能等，应有清晰的规范。从目前看，中国社会保障体系的顶层设计，应集中在几个关系的处理：

（1）统筹好社会保障体系内部各系统之间的关系。如社会救助、社会保险与社会福利之间的职能分工、结构比例及相互如何衔接，弥补弱化的家庭保障功能。有效整合社会保障管理服务平台，使服务资源不浪费，高效运转。在条件许可的情况下，甚至可以将社会保障扩展到社会保护。

（2）建立统一的大部门体制。社会保障大部门体制不是一个大规模的部门,也不是机构简单的合并或者减少,而是政府职能界定清晰,政府职能的根本转变,行政组织的设置与其内在职能相符合。要克服政府交叉管理、多头管理的弊病。

(3) 明确社会保障和其他保障之间的关系。在国家治理体系现代化与政府机构改革中,需要明确社会保障及与之相关(如慈善公益、商业保险等)的机制所扮演的角色,需要妥善处理基本保障与其他层次保障之间的关系。

(4) 划分中央政府与地方政府的社会保障职责,确保事责与财权相统一。在新时期社会保障制度走向完善的发展过程中,明确划分中央与地方的社会保障职责并建立稳定的分工机制非常重要。

(5) 通过立法,科学具体地界定政府的社会保障职能,将政府社会保障职能法定化,将社会保障行政机关、社会保障经办机构的设置及其职责权限进一步法定化,为政府职能转变提供法制保障。有了立法保障,才有可能建立统一高效的社会保障管理体系。

(6) 修正市场在资源配置中的失灵。市场在资源配置中起决定性作用的同时,要充分利用相应的财政税收政策杠杆撬动市场资源投向社会保障领域特别是社会福利服务领域,同时对市场机制可能损害社会保障制度公平性的冲动进行必要的规范,以确保更多的资源配置在社会保障领域发挥作用。

(二) 社会保障基金管理

目前,社会保障体系面临巨大财务可持续性压力,加强社会保障基金的管理,实现这部分积累资金的保值增值刻不容缓。

首先,以养老保险基金投资为先导,抓紧制定并出台社会保险基金投资管理制度,规范社会保险基金的投资与管理行为。国务院已经发布了《基本养老保险基金投资管理办法》,应当在此基础上及时总结相关经验,并尽快出台《社会保险基金投资管理办法》。

其次,以各省为单位,由政府作为社会保险基金的投资委托人进行社会保险基金的投资与运营,履行保障基金的监管职责。在国家相关社会保险基金投资管理制度的框架之下,归集资金并指定受托机构规划和制定目标收益水平、记账、结算、收益分配并向社会公开运营情况等。

(三) 提升社会保障水平

结合当前社会保障体系的发展现状,重点需要解决的是整体的社会保障水平,以及"普惠"和"公平"的问题。

首先,要提升全国范围内老百姓的最低社会保障。养老保险、医疗保险、社会救助、老年服务是中国特色社会保障体系的骨架性制度安排,优化基本养老保险、基本医疗保险、社会救助及老年服务体系建设等基本保障制度已成为当务之急,关乎着国计民生的持续改善与持续发展,是提升整体社会保障水平必须重点考虑的领域。

其次,"普惠"就是要惠及所有人,比如社会保障三元化下的农民工、流动人员等,争取100%全覆盖。

再次,"公平"是要消除由于行业不同,企、事业单位不同,城乡区域不同等所导致的社会保障待遇不同。

最后,要解决以上问题,当前迫切需要加快完善社会保障财政投入机制,为社会保障水平的稳步提高奠定基础。

第三节　跨越中等收入陷阱

2007年,世界银行在《东亚经济发展报告》中首次提出"中等收入陷阱"一词。20世纪中叶以后,世界经济社会得到快速发展,在这个发展过程中,世界经济体出现了两类情况:一类国家由低收入国家快速发展,顺利进入高收入的发达国家;另一类国家由低收入进入中等收入之后,停滞不前,未能顺利进入高等收入的发达国家。

2012年,世界银行和中国国务院发展研究中心共同发布了另一份报告,题为《中国2030:建设现代、和谐、有创造力的社会》,更是指出,在1960年的101个中等收入经济体中,到2008年只有13个成为高收入经济体。它们是欧洲的希腊、爱尔兰、葡萄牙、西班牙,亚洲的日本、韩国、新加坡、中国香港、中国台湾，中东的以色列，美洲的波多黎各，非洲的赤道几内亚和毛里求斯。其余的 88 个国家或地区要么继续停留在中等收入阶段，要么下降为低收入国家或地区。大多数拉美国家在 20 世纪六七十年代就已经成功进入中等收入阶段，只是经过四五十年的发展，它们依旧没能跨过 10000 美元的高收入门槛，长期无法摆脱"中等收入陷阱"。

按照以上比例，87% 的中等收入经济体，在将近 50 年的时间跨度里，都无法成功突破中等收入阶段进入到高收入阶段。停留于中等收入阶段的国家如此之多，时间跨度如此之长，给我们敲响了警钟。

一、什么是中等收入陷阱

（一）"中等收入陷阱"的涵义

按照世界银行 2010 年的划分标准，国民人均年收入 995 美元及以下均属低收入，人均年收入在 996~1295 美元则为中等收入，其中中等收入又以 3845 美元的基准划分为"上中等收入"和"下中等收入"，人均年收入 12196 美元及以上则属于高收入。

"中等收入陷阱"是指当一个国家或地区在人均国民收入达到世界中等收入水平后，向高收入国家前进的过程当中，人均年收入未达到 12196 美元及以上的状态，是指发展中国家进入中等阶段之后，在追赶发达国家的高收入中，没有实现由中等收入进入高等收入国家而停滞在中等收入状态。

（二）"中等收入陷阱"的特征

2010 年，世界银行在《强劲复苏与风险积累》的报告中，列出了"中等收入陷阱"国家具有的十个方面经济特征：经济增长回落或停滞、民主进程缓慢、贫富分化、社会公共服务短缺、就业困难、社会动荡、信仰缺失、金融体系脆弱、腐败多发、过度城市化造成畸形发展。

（三）中国"中等收入陷阱"的警示

1978 年改革开放以来，我国经济发展经历了 3 次历史性的跨越，已经跨越"贫困陷阱"，成功实现了从低收入阶段向中上等收入阶段的两次跨越，进入中上等收入发展阶段。

从历史进程看，第一次跨越（1978~2001年），历时24年，我国人均收入已从1978年的270美元，到2001年突破了1000美元，在这期间，我国GDP维持了9.7%的年均增长率，成功地从低收入国家迈入中下等收入国家的行列。

第二次跨越（2001~2010年），在这9年时间里，我国GDP保持了10.5%的增速，国民人均收入突破4000美元，成功进入了中上等收入国家的行列。

第三次跨越（2010年至今），2010年以来，我国面临着向高收入阶段跨越的挑战。世界银行数据显示，2010年中国人均GNI收入达到4260美元，中国已进入中等收入国家，但在世界经济体排名中仍在121位，可见中国人均GNI收入还是比较低，2017年中国人均GNI为8865美元，进入上中等收入国家，世界排名第69名，离人均年收入12196美元，尚有不小的差距。

目前正面临着如何顺利实现第三次跨越，迈向高收入国家行列。中等收入陷阱本质上是增长陷阱，如果一个国家不能很好地避免陷阱，则其在中等收入阶段的收入升级将长达几百年时间，如果能有效地避免中等收入陷阱，则能在几十年的时间内迅速从低收入国家发展成为高收入国家。借鉴别国的经济发展史，中国在2010~2017年8年的时间，仍然没有突破中等收入的界限而上升为高收入国家，这应该引起我们的警觉。

二、中等收入陷阱的借鉴

（一）中等收入陷阱跨越失败的原因

诸多国家经过四五十年的发展，仍然未能跨越"中等收入陷阱"的原因是多元的、复杂的，但归纳起来，在其陷入中等收入陷阱之前，已经掉进了以下七个方面的陷阱：

（1）制度性陷阱。也就是制度体制障碍。经济发展的重要规律之一是生产关系必须适应生产力发展要求，生产关系变革后，反过来又能促进生产力的发展，二者是相互作用的。很多发展中国家进入中等收入阶段后，未能及时地进行生产关系调整或变革，上层建筑、旧制度、旧体制不适应生产力的发展，甚至阻碍生产力的发展，使得经济发展长期滞留在中等收入阶段，无法跨越"中等收入陷阱"。

（2）社会危机陷阱。收入分配的不公以及因此差距越来越大的基尼系数，导致劳资矛盾、社会矛盾激化，引起社会危机，群体性事件不断发生，阶级、阶层矛盾不断，社会动荡，政局不稳，甚至造成政局更替，经济发展停滞不前，陷入"中等收入陷阱"。

（3）生态环境恶化陷阱。在工业经济发展的前期，是以资源消耗为代价的低效率的资源型经济。工业废弃物大量排放，农药、化肥过度使用，形成大气、地下水、土地等资源严重污染，导致环境资源被严重破坏，经济不能持续增长。

（4）科技创新弱化陷阱。中国的科技发展水平整体不高，与发达国家的差距不小！核心领域受制于人，时有卡脖子现象：2018 年美国制裁中兴事件，就是因为中兴不具备自主知识产权，受制于美国技术，虽然暂时解禁，但中兴也付出了沉重的代价：2017 年 3 月中兴因违法禁令就已经向美国交了 8.92 亿美元罚金，再加上此次的 17 亿美元罚金，接近 26 亿美元（166 亿元人民币）的代价仅仅换来禁令的取消。中兴这些年的利润有多少？恐怕不够支付这些罚款。"中国芯"的核心技术急需研发创新。

与美国相比，我国企业研发投入仍有很大的提升空间。国家层面，2015 年我国研发支出 1.42 万亿元，仅为美国的 45%，2017 年研发投入强度为 2.1%，虽然差距缩窄，但仍低于美国的 2.8%。产业层面，2016 年中国制造业研发支出 9651 亿元，约为美国的 66%，但中国制造业研发强度为 1.0%，远小于美国的 4.4%。代表性企业层面，据欧盟 2017 年全球研发投入 2500 强企业排行榜，中国 376 家上榜企业研发支出总值 480 万欧元，约为美国的 70%，中国上榜企业平均研发强度为 8.6%，而美国企业高达 29.7%。上市公司层面，2017 年 A 股上市企业总研发支出 5468 亿元，仅为美股的 22%，平均研发支出 1.9 亿元，仅为美股的 13%。但美国上市中概股公司平均研发支出与美国企业差距较小。

当前，世界科技大国的方阵情况：美国全面领先；德、日、英、法列于第二方阵；中国在全球 20 名之后。

一方面，很多中等收入国家对科技创新投入不够，缺乏创新驱动，光靠引进技术，受控于人，缺乏自主创新能力；另一方面，过度依赖传统的经济驱动力，如靠劳动力、煤、水、土地等资源要素推动生产发展和推动经济发展，最后导致经济发展不能持续。

（5）外贸依存度陷阱。由于对外依赖程度过高，往往陷入了国际收支失衡的陷阱。一方面，以拉美国家为代表，多采用进口替代战略，未能及时发展国内实体经济，国际贸易逆差严重，国际收支失衡；另一方面，东亚一些国家过度强调出口，以出口为主导的战略，受控于国际市场，国内生产波动大，收益不稳定，市场风险增加，经济发展难以持续。

（6）福利陷阱。即福利程度超过积累资金能力。一些发展中国家进入中等收入阶段之后，过度强调福利、享受，积累与消费比例失衡，资金积累被忽视，经济可持续发展被忽视，导致积累资金消耗殆尽，也无力继续发展经济。

（7）城镇化"拉美式陷阱"。在城镇化过程中未能与发展经济有效结合，过快城镇化。城镇化有自身的发展规律，拔苗助长只会破坏经济发展规律。2011年德国的城镇率只有74%，美国只有80%多一点，而阿根廷就已经高达92%，虽然阿根廷100年前人均收入就达到3000美元，相当于当时美国收入水平，但是100年后美国进入高收入发达国家，成为世界第一大经济体，而阿根廷却陷入了"中等收入陷阱"。

（二）成功跨越中等收入陷阱国家的经验

据相关研究表明，能够成功跨越"中等收入陷阱"的国家，具有一个重要的共同特征：就是有一个积极有效的政府。

第二次世界大战以后，只有日本和韩国等少数几个国家和地区成功跨过"中等收入陷阱"。以日本和韩国为例：1972年日本人均收入接近3000美元，然后12年以后即1984年顺利突破10000美元。1978年韩国人均收入超过3000美元，8年以后即1995年达到11469美元。部分学者对日本、韩国、新加坡、中国台湾等成功跨越"中等收入陷阱"的国家和地区的表现进行分析和总结，认为日本主要依靠培育自主创新能力、提高农业生产率和工人工资、构建节能环保型经济跨越了中等收入陷阱。韩国则是推进产业结构优化升级至知识密集型产业、通过财税体制和社会保障体制改革缩小收入差距、提升整体人力资本质量。新加坡是通过加快产业结构向技术密集型方向转变，加快人力资本积累和扩大经济对外开放，形成经济转型的良性循环机制；中国台湾地区则通过发展农业和服务业加快产业发展转型、提升科技水平和人才素质、推进市场化和民营化改革进程。

通过对跨越"中等收入陷阱"成功和失败的案例分析，我们可以加以借鉴，结合中国国情，走出"中等收入陷阱"。

三、中国如何跨越中等收入陷阱

（一）加快体制机制改革

首先，要做好政府职能转变。观察一下能成功跨越"中等收入陷阱"的国家的共同特点是有一个有为有效的政府，政府清廉高效，让市场决定资源配置，并对配置结果偏差起纠正作用。

其次，推进体制机制改革。生产力决定生产关系，生产关系又会反作用于生产力，当今我国的生产力有了明显提高，必须同时加快政治体制、经济体制、社会体制等方面的改革，加快对财税体制、金融体制、分配制度、社会保障制度、国有企业体制、人才培育和引进机制等方面的体制机制改革，通过制度创新来获取经济增长新动力，跨越"中等收入陷阱"。

（二）调整产业结构

中国跨越的唯一方向，是必须从量的扩张迅速转向质的提升，实现经济由高速、粗放型增长方式向均衡、可持续的集约型增长方式的转变，也就是中国只有通过高质量发展的模式，才能最终跨越"中等收入陷阱"。

引导资源科学合理地配置，要加快转变经济发展方式和结构升级，加强供给侧结构性改革，改变旧有的经济增长模式，要提高生产率要素的效率，形成低投入、低能耗、高效率、高产出的集约型经济增长方式，使经济从粗放型发展方式向集约型发展方式转变。

首先，加快传统产业结构转型升级。传统工业不必多说，必须改变其高产量高能耗发展方式，实现产业升级与产能再造，实现从"中国制造"向"中国创造"，打造"中国制造2025"。而"四化"中的农业现代化是最薄弱的，必须要结合大数据，加速提升农业智能化、现代化。

其次，推动新兴产业发展。为新能源、新材料和生物医药等新兴产业提供发展空间，加快轨道交通、信息通信等优势产业升级。

最后，重点发展现代服务业。在所有战略性新兴产业中，大力发展航运、旅游、餐饮和金融业等第三产业，并且将传统服务业升级为现代服务业，打造经济增长新引擎。黄益平强调，中国跨越关口离不开金融改革，跨越"中等收入陷阱"的改革措施的核心是金融改革。优化金融市场结构，减少金融抑制的同时，实施宏观审慎监管，保持金融系统的稳定。

（三）缩小收入分配差距

库茨涅兹运用美、英、德等国的时间序列数据，对不平等的长期演化趋势进行了实证研究，并提出了库茨涅兹"倒U形"曲线。许多掉入"中等收入陷阱"的国家，有一个重要因素就是收入差距过大，严重分配不公，社会矛盾激化，社会不稳定，政局动荡，致使社会生产严重受阻，经济不能持续增长，收入分配与"中等收入陷阱"有着密切联系。

根据中国国家统计局的统计，2017年基尼系数为0.4670，较2016年上涨0.002个百分点，中国贫富差距重新扩大。

（1）改革完善分配制度。初次分配和再分配都要兼顾效率和公平，尤其是再分配更要注重公平。在分配制度上，必须完善按要素贡献大小分配的体制机制，全面推动劳动、资本、技术、管理等要素按贡献参与初次分配，破除行业垄断，发挥市场机制在资源配置中的决定作用，建立合理的收入分配秩序，完善生产要素市场，同时加快完善以税收、社会保障、转移支付为主要手段的再分配调节机制。在分配改革的重点上，要加大对垄断行业、部门收入分配的改革和调节的力度，克服分配不公。

（2）扩大中等收入群体比重。当前，我国中等收入群体比例仅为23%左右。一般而言，合理的社会结构是以中等收入群体为主的橄榄型社会结构。中等收入群体在一个国家所占比重越大，国家越稳定。随着我国城镇化建设的推进，要增加农民收入水平，缩小收入分配差距，为更多中低收入者向上流动创造更多的机会和条件，缩小收入分配差距、实现包容性增长已成为迫在眉睫的问题，对于跨越"中等收入陷阱"意义重大。

（3）加快精准扶贫步伐。据国家统计局统计，2017年"低收入组"人群收入增长7.5%，增幅扩大1.8个百分点，扶贫政策似乎取得了一定成果。据相关统计，2017 年，中国贫困人口减少了 6800 多万，预计 2018 年再减少 1000 万。通过加强社会保障以及提供培训使之再就业等方式，真正做到精准扶贫，无一遗漏。

（四）大力实施科技创新驱动新增长战略

科技创新和进步是经济增长的内在动力和新的源泉，中国未来经济增长的关键是实施创新驱动发展的新战略。新增长理论认为，全要素生产率（TFP）是经济增长的源泉和内生动力，而全要素生产率增长则主要来自于技术创新和知识的外溢效应。自主创新、技术进步已经成为中国跨越"中等收入陷阱"的必然选择。

总结美、日两国经验，美国依靠技术创新和放松管制，实现了医药、电子双轮驱动下的企业研发提升。日本则顺应经济转型升级，医药和装备制造业发展壮大成为支柱产业，并主导了制造业研发的提升，最终两国都成为了研发强国。美、日经验表明，技术创新、制度改革和经济转型升级是提升研发的三大驱动力。

供给侧改革的重心从去产能、去库存向补短板切换，意味着经济转型正在提速。虽然中国企业研发和美、日仍然有不小的差距，但当前正走在正确的道路上。具体可以做到如下几点：

首先，政府应制定制度、措施，支持、鼓励企业结合自身情况，营造有利于创新发展的外部环境，通过构建技术创新公共平台、强化专利保护制度、减税和财政补贴、优惠贷款等政策，推进技术创新进程和知识扩散程度，不断提高全国的全要素生产率水平。

其次，政府要加大教育和研发投入，提高创新能力。一方面，面对人口红利的消失，要促进基础教育的普及以及教育水平的改善，积极开展有针对性的技术培训、职业教育等，培养更多与社会需求相匹配的成熟劳动力，推动人力资本水平提升；另一方面，加大研发投入，完善科技创新体系，突破产业技术瓶颈。政府可作为产、学、研一体化的牵头人和带头人，整合好各方面的资源配置，促进企业从被动到主动地参与和加入到产、学、研一体化的进程中去，通过科技创新来提高企业竞争力。

最后，对于企业自身而言，作为市场主体，在原始性技术创新与应用中应起到主导作用,要有发展的战略和眼光。小微企业或者中小企业可以通过工业设计的方式,进行小创新和小革新,而大企业则必须加强自身的科研创新,投入更多的研发资金和人力,完成从"群体平庸"到"个体突出"的技术创新转变,提升品牌的附加值和国际竞争能力,占领行业生产链的高端位置。

(五) 其他需要注意的几个方面

(1) 必须坚持混合所有制基本经济制度,快速发展非公有经济。多元的混合所有制为国家基本经济制度是国际通行的惯例,实践证明,一个地区在一定时期,坚持混合经济制度,重视和正确认识混合所有制经济这个基本制度,那么这个地区在这个时期社会经济发展就好。特别对非公有制经济重视和发展,这个地区社会经济发展就好。

首先,解放生产力。"坚持权利平等、机会平等、规划平等、地位平等,解除对非公有经济各种形式的不合理规定,消除各种隐性壁垒,享受一视同仁的国民待遇"。其次,真正落实贯彻解决非公有经济融资少、融资难、融资贵的问题。最后,打破"隐形玻璃门"。解决非公有经济进入垄断企业大门和门槛过高问题,鼓励非公有经济更多地进入到国有垄断行业,形成良性竞争。

(2) 坚持对外开放新战略。首先,不仅要继续保持对外开放,扩大外贸数量,还要提高外贸质量,不仅要在商品贸易方面有突破,而且要在商品贸易的进出口国别上进行更广泛的开放,并且要高度重视服务贸易的进出口,这是未来外贸发展的大势所趋。其次,在外贸依存度方面,不要过多依靠顺差或者逆差,在未来的外贸进出口中,保持平衡是妥当之举。目前,通过"一带一路"倡议,可以强力推进开放和外贸内容的发生,不仅可以缓解部分制造业的产能过剩,还可推动人民币区域化,为跨越"中等收入陷阱"提供有利条件。

(3) 在社会福利和社会保障水平方面,要与经济发展水平、生产力水平相适应,不要过于超前,也不能滞后。如果社会福利和社会保障水平超过生产力水平,则会引起耗费,甚至会导致更多的财政赤字。如果社会福利和社会保障水平滞后于生产力水平,则民生得不到保障。

在城镇化率方面,应该有序进行,不可冒进,也无需停足不前,需要适应生产力发展的水平,不急不躁、不缓不慢地推进。

第四节　推进新一轮国企改革

2018年国务院政府工作报告指出，"国有企业要通过改革创新，走在高质量发展前列"。

我国《宪法》第六条规定，生产资料的社会主义公有制是我国社会主义经济制度的基础。《党章》也明确指明，"必须坚持和完善公有制为主体、多种所有制经济共同发展的基本经济制度"，并且在发展经济过程中必须"毫不动摇地巩固和发展公有制经济"。将公有制的主体地位写入宪法和党章意味着公有制经济不仅仅具有经济意义，更具有政治意义。以国有经济为核心的公有制经济是共产党执政的经济基础和物质手段。

对国企的评价需要考虑双重绩效，即市场竞争力和所有者利益（国家和人民意志），并且后者更为关键——国企如果不承担社会责任，其存在的意义便很难解释。黄群慧等对中国100强企业的社会责任表现进行考察发现，央企和国企的社会责任指数远远领先于其他所有制企业。国企是一种特殊的制度安排，可以在赶超时期承担技术模仿、扩散和赶超的任务，在转型时期维持宏观经济稳定，并且在制度不完美的"次优世界"提供福利和公共物品。

国企是政府直接干预市场、弥补市场缺陷的手段；是发展战略性民族产业的保证；是公有制的实现形式之一。

随着社会、经济的发展，国企问题重重，效率问题是其中的一个诟病，针对国企的改革，也是经历了几轮。

一、国企改革历程

改革开放40年以来，中国国企改革大致划分为三个阶段：承包租赁模式、改制模式、国资委指导模式。

(一) 承包租赁模式

1993年前，采取的是这种模式，也就是以经营权改革为中心的时期，主要目标是以逐步扩大企业经营自主权的方式调动企业经营的积极性。这种模式通过使用权与支配权的转移来调动积极性，提高资源使用效率、优化资源配置，并进而增效、脱困。但是，现实中同时还存在使用权限与支配权限的行使受限，这种有限的权限转移不能解决根本问题。期间，企业生产经营的积极性起来了，但显现的问题也很多。

第一个问题是承包经营者负赢不负亏，有奖没有罚。导致随之而来的第二个问题是，轻国资贱国资的"用国资"模式。承包租赁者在努力兑现合同承诺的基础上追求更多的收益。由于没有所有权，但有经营权，对国有资产以使用为主，承包经营者往往不注意设施设备维修维护，使其超负荷运转，追求低成本多产获利。

以上问题最终导致了大量国企坏账、死账的形成，甚至导致国企亏损倒闭。

(二) 改制模式

1993~1998年，实行了国企改制模式，对于中小型国企采取改组、联合、兼并、股份合作、租赁、承包经营、出售等形式以逐步放开搞活。

中国的国企所有权改革是在1993年正式启动的。标志性事件是在1992年党的十四大会议上确立了社会主义市场经济体制改革的目标，并明确地把"国营企业"改为"国有企业"，进而在1993年的三中全会上明确国企改革的方向是建立现代企业制度。自此，国企改制被提上了日程。

改制模式是跳出经营权，在放开经营权的基础上进一步分割所有权，以所有权改革为中心进行的国企改革。它的思路是进一步让出所有权属系列的其他权限或者是以部分所有权出让来实现，是共同拥有、使用所有权的模式，其特点在于企业所有者都可以对企业行使经营权、占有权、收益权与处置权。

在具体操作中也出现了一些问题，首先，各级政府急于甩掉包袱，选择出售中小型国企者居多，甚至出现了"诸城模式"。其次，对国有资产的评估与价值认定形成大量国有资产贱卖、流失、高估高买、过度投资、国企被掏空等负面现象。最后，虽然国企改制也要求改制后的企业保留一定比例的原工作人员，对下岗失业人员妥善安置，如延发工资、买断工龄、失业补助、购买保险等。但是，人员下岗安置，仍然引发了系列的社会问题，改革一度难以进行。

（三）国资委指导模式

该模式也可以称作"股改模式"。"股改"受益者排序，依次为上市国企、资本市场、股民。

2003年，国有资产监督管理委员会（简称国资委）组建，意味着国资委以国有资产出资人的身份去指导国企改制，针对国企改制中的偏差与漏洞，规范改制行为，推进国企改革，监督国有资本经营与运作，加强国有资本管理的重要举措。

1998年底，中央认为不能"一卖了之"，1999年召开的十五届四中全会提出要从战略上调整国有经济，国企要"有进有退、有所为有所不为"，并具体规定了国有经济需要控制的行业和领域：涉及国家安全的行业、自然垄断的行业、提供重要公共产品和服务的行业、支柱产业、高新技术产业中的重要骨干企业。这使得政府的"抓大放小"工作有的放矢，一方面，加强了对拟控制行业和领域的控制；另一方面，也逐步放开了竞争性领域。

国资委自成立以来，在规范、深化国企改革等方面做出了不懈努力：理顺了国资监管体制，形成了国资监管的"国资委上下层级间行政委托代理—国有资产经营管理公司的半行政代理与委托—集团公司控股经营—改制公司具体操作"的委托代理链条；出台了系列部门规章制度；主导并完成了股权分置改革，实现了股份全流通；加快了国企强强重组进程，强力构建大型央企。其中，2005年4月启动的"股改"以及紧随其后的"股改效应"——限售股流通更为引人注目。

"股改"效应后，今天的国企改革面临着如何进一步深化国企改革，如何处理公有制与私有化的冲突问题，面对国进民退的质疑与国退民进的呼声，改革的目标与方向是什么等问题。

二、国外国企改革的模式和管理经验

西方国家国企改革的模式对我国具有重要的借鉴意义。

(一) 西方国家国企改革的模式

从 20 世纪 80 年代开始,西方国家开始探索提高经济效率和促进企业发展的方法及途径,探索实施了以私有化为基础的一系列改革措施,特别是推行了股份制改造,以现代公司治理模式加强国企的内部管理水平,从而达到提高国企经营活力和经济效益、增强国企市场竞争力的目的。

(1) 美国国有企业改革的模式。美国国有企业主要集中在邮政、电力、铁路客运等公共服务行业。美国国企改革的主要思路是,大部分国有企业的产权逐步转为私有,在企业内部建立现代公司治理结构,对企业产权的私有化,主要有出售和出租两种方式,提高了企业的经营活力和生产积极性,对整体经济的发展起到有效的推动作用。

(2) 日本国有企业改革的模式。日本国有经济所占的比例并不高,国有企业的数量仅占 1% 左右。国有企业比较集中地分布于电力、通讯和交通等基础设施领域。日本的国有企业中,中央企业由政府直接经营。日本的国有企业改制也是从 20 世纪 80 年代开始的,由"国有民营"逐步走向"彻底民营"。但是实行民营化的企业,政府仍有部分控制权,企业的部分经营活动仍需经过政府审批,受政府控制。

(二) 西方国家国企改革的特点

西方发达国家由于国情和历史不同,对国企改革采用了不同的方式,但主要思路都是对国有企业逐步实行私有化,从而达到所有权与经营权相分离的目标。综合分析,在其完成国企改革后,现有的国有企业主要有以下几个特点:

(1) 基本上都是公益性企业。目前,经过改革后西方国家尚存的国有企业基本上都是公益性企业,一般不以盈利为目的,主要是提供公共服务或维护国家安全,承担着国家赋予的一些社会责任和义务,体现了公益性的特点。这类企业由政府直接投资,集中在电力、通信、交通、能源、原材料、航空航天等基础产业和新兴产业部门。还有一些企业是国家投资控股或参股的企业,国家不干预其经营,只取投资回报。这类企业只能说是具有国有成分,并不是真正意义上的国企。

(2) 以政府投资为主。国有资本集中于公共服务、基础设施、国家安全等领域，保留下来的国企基本上都是政府投资，如美国的田纳西河流域管理局、英国的国家电力供应公司和法国公共交通公司等。

（3）建立了现代企业制度。根据企业不同类型和特点，构建合理的企业法人治理结构。

（4）政府对国企进行扶持补贴。西方国企的设立目标是以实现政治意图为主，并不是为了盈利，从而不会直接以行政手段干预经济，这部分公共职能在西方国企中占据非常重要的位置，为此，西方国家对国企进行了大量补贴。如美国的田纳西河流域管理局，政府每年拨款1.3亿美元，用于维持其正常运转。

三、国企改革发展方向

党的十九大报告明确指出，"深化国有企业改革，发展混合所有制经济，培育具有全球竞争力的世界一流企业"。上述战略部署凸显了发展混合所有制经济的重要地位和作用，为做好国企改革发展工作进一步指明了方向，混合所有制改革作为国企改革的重要突破口，尤需着力向前推进。

西方国家关于国企改革的政策，由于其政治目的的不同，不能全盘照搬，只能借鉴其中适合中国国情的操作。对国企改革进行一个结构化的顶层设计非常重要。

（一）完善国有资本分类管理

即对国企实行分类管理。中央改革文件中提出"准确界定不同国有企业功能"的改革要求，可以将国有企业划类区分，有步骤地逐步降低政府对企业的行政干预，实现政企分开、政资分开，让国企回归各自所应该具备的属性，根据企业的不同分类合理确定引入其他所有制经济的方式和规模，以合理的分类管理为混合所有制改革的成功奠定基础。根据不同种类企业进行不同方式、不同标准的改革，从而达到对症下药，有效提高改革效果。此外，也可以借鉴国内外经验，细化对国企的改革方式，提高社会效益和经济效益。

国企可分为以下三类：

（1）公益类国企。公益类企业以提供公共产品和服务为主要目标，实现社会效益最大化。主要分布在供水、供电、供热、公共交通、重要商品和战略物资储备。对国有资本运营公司和公益类国企的基本管理思路是以政府直接管理为主,市场经营手段为辅,注重社会效益的开发。对这类企业的考核重点关注安全、服务等社会性指标,使其作为政府行政职能的有力补充,在市政、社会保障等领域充分发挥作用。公益类国企的经营管理,可以借鉴美国管理肯尼迪国际机场的纽约新泽西港务局的管理模式。纽约新泽西港务局是隶属于地方政府的管理机构,其管理的公共运输机场是公益性基础设施,由政府投资兴建。其领导人由政府任命,受政府监管,主要负责管理机场主体设施,其他经营性业务则交给由地方商业和社会团体领导人组成的董事会或机场管理委员会管理。

(2) 功能类国企。以服务国家战略、保障国家安全和国民经济运行、发展前瞻性战略性产业为主要目标,实现经济效益和社会效益统一。政府应集中资金去发展管理有关国家命脉方面的产业或者非国有企业暂时无法投入巨额资金去建设的基础产业或者高端产业,实现此类产业不断的科技进步,对于高水平高科技产业业做到高精尖。

(3) 商业竞争类国企。这是发展混合所有制企业的重点,尤其是在对国有企业管理领域以及体制改革上,在目前国有企业一家独大的领域,可以作出适当的退让,做到进退有度,根据实际情况考虑让出部分国家不必完全掌控产业,充分发挥市场决定资源配置的作用,根据不同行业和领域,成立专注于不同投资方向的国有资本投资公司持有商业类国企的股权,将商业竞争类国企完全推向市场,使其和民企处于同一个公平竞争的平台,让市场充分发挥作用,提升国企竞争力。政府要敢于做到放开管控,敢于让国企回归企业本质,推动企业法人治理结构充分发挥职能。

对国资国企进行改革,并不是将每一个国有企业搞活,而是搞活我国全民经济,其改革战略的主要面对对象为整个国民经济,面向整个行业领域,因此,国资国企改革要统筹兼顾,兼顾大局。

(二) 设计搭建合理的国资管理体系

过去一直在扩大国企的规模,一直在提高国有资本的数量,号召我们的目标应该着重提升国有资本的质量,让国企真正成为中国作为社会主义国家经济发展的动力与基石。

新的国资管理体系包括政府部门、国有资本投资运营机构和国有企业三层架构，分别享有国有资本的所有权、管理权和使用权。根据目前对国企的三大分类，国资管理体系可作相应的管理。

对于公益类国企来说，是完全国有化，是政府通过行政手段进行具体操作经营的，公益性国企的存在是以市场经济为辅的，它所强调的是社会效应。对于功能类国企来说，与公益类国企相比较，更加注重国家安全、整体产业战略发展，兼具经济效益和社会效益的追求。相对而言，对商业竞争类国企的管理，发展混合所有制经济是本轮国企改革的重点。

国资委应以资本为纽带，以市场为平台，以现代企业制度为目标，专注于履行国有资本的出资人职责，面对三大类国企的具体要求和目标，合理引导这三类国企的发展。

(1) 首先，政府要明确自己作为出资人的地位。实现由"管资产"向"管资本"的转变，资产指的是价值的真实存在和实际表现，而资本指的是价值的度量尺度和实际标准，是一个抽象化的概念，"管资本"的实质是管理价值的抽象形态，而不是关注价值的具体表现形式。其次，要明确"管资本"就是要明确政府的定位，政府只是个大股东和出资人，应减少对国企日常经营管理的干预，只要履行好股东职权和受托责任就行，应按照法律规范和符合现代公司治理原则的股东定位开展出资人的工作。

(2) 国有实体企业改革的方向则集中在完善现代企业制度、完善法人治理结构。

(3) 成立国有资本投资、运营公司。国资委投资、运营公司是本轮国企改革积极的尝试，对国企实行分类管理，并在此层面推行混合所有制改革。在政府和市场之间发挥中间媒介的作用，国资委职能的行使，既能使国企回归企业本质，同时也可兼顾国有资本不同于普通企业的具备的社会效益。

(4) 政府通过产业政策倾斜实现对国有资本的有效配置。国家产业政策调整通过对国企改革的引导作用，引导国有资本更多投向关系国家安全、国民经济命脉、国家产业发展布局的重要行业和关键领域，逐渐引导国有资本投入到真正的国企所应负有的职责中，退出"与民争利"的产业。

(三) 发展混合所有制经济

关于混合所有制经济，有人质疑是不是新一轮的国有资产流失。这和过去改制中的国有资产流失有着本质的不同。在这新一轮的国资国企改革中，"混合所有制经济"特指对国企进行改革的一种新的经济实体。发展混合所有制经济，只是不同的资本组合形式，倾向于用现代企业制度中的股份制来诠释混合所有制，并没有对国有资产进行低估价的行为，资本不会流失。实行了混合所有制经济的国企代表了全民所有，国家代表人民持股，向社会提供产品或服务，按照股份所产生的收益也将用之于社会。

因此进一步健全完善现代企业制度非常重要。一是继续加强规范董事会的建设进程，建立并完善公司高层人员之间的协调有效运转，加强企业有关约束制度，防止一人独大现象的发生。二是完善职业经理制度，实现对企业管理人员的分层分类管理。三是完善市场经济的人员薪酬制度，对人事部进行改革，对各部门工资实行科学化规定，形成良好的竞争氛围，为企业的发展提供基础。

从资源配置的角度来看，混改后引入的社会资本可以有效地提升企业活力，有助于推动企业管理水平的提升，提高市场竞争力。同时，也有助于引导社会资本由金融市场转向实体经济，增强经济活力，这样，资本在全社会的行业中实现了良性循环，资源将得到更有效的配置。

混合所有制经济由于私有化的力度较大，作为社会主义国家的中国只能循序渐进，可以先试点，再普及，并且可以考虑从国有资本投资、运营公司的层面进行混合。国有资本投资公司除了基金参与的方式，还可以采用其他方式吸引社会资本，在更大的范围内发展混合所有制经济。

推行股权多元化。对国企进行股权多元化改革，意味着有外来资本加入国企的经营中，国有资本将逐步降低在大部分国有企业中的持股比例，甚至从某些行业或部分国企中全面退出，股权多元化是公司治理的基础。多元化的股权对推动国企人事改革将起到积极作用。引入其他资本发展混合所有制经济，可以改变国有资本一家独大的局面，以体制调整促进机制变革，真正实现企业法人治理结构和内部管理制度与国际先进水平接轨。根据国企三个类别引入其他所有制资本，区别对待。如在商业竞争类国企，可以加大股权多元化力度，甚至最终可以放弃国有持股地位。在公益类和功能类国企，则要审慎推进，必须由国家控股。

在推行股权多元化的同时，我们可以设计两方面的细化操作：

（1）实行员工持股。对于国企来说，实行员工持股既是发展混合所有制经济的一种模式，同时也是重要的激励措施。鉴于目前关于员工持股的相关法律规定尚不健全，依据混合所有制企业员工持股的《指导意见》，应在试点的基础上稳妥推进。在实行员工持股的探索中，应采取规范的组织形式运作，避免权利市场化的现象，同时要坚持效率效益优先，不能搞平均持股。

（2）推进国有资产证券化。在推行股权多元化的过程中，特别要关注的是国有资产的变现问题。这涉及现代企业制度的建立和完善，通过资本思维和产业思维将国有资本股份化或有价证券化，资产在有价证券化后才能分割，能分割才能交易，才能变现。

国有资产的证券化是指国有资产量化为国有资本后，通过上市变成上市公司的股票。从管理体系上说，国有资本管理委员会、国有资本投资公司、商业类国企按照股权多寡，行使相应的职权，经理人市场化招聘，不再为政府官员提供岗位，薪酬市场化和经营效益挂钩。

（四）要完善国企改革的相关立法

让市场决定资源配置得以充分发挥，必须要运用立法的手段调节经济运行。对国企改革中的一些问题和处理，应以立法手段进行规范，将之纳入法制化轨道。西方国家国企从建立到运营再到重组整合，都有议会或国会颁布一系列行之有效的法律法规进行约束，国有企业的私有化改革，更是必须有专门法案的规范和指导。例如，美国的《政府公司控制法》和德国的《企业组织法》等都是对国企经营行为的规范；

鉴于目前关于员工持股的相关法律规定尚不健全，现有的依据是混合所有制企业员工持股的《指导意见》，至于如何合理推行员工持股，要从立法上明确员工持股的法律地位，通过顶层设计，以立法的方式规范员工持股的操作。

第五节　重视行业协会等社会力量的作用

随着全面深化改革和政府职能的转变，行业协会参与到社会管理中，分担了政府的部分职能，成为公共管理中政府和市场的有效补充。但是，在参与社会管理和市场管理的过程中，在参与资源配置的过程中，行业协会出现了一些问题，如不能充分发挥行业协会上文下传、下情上达的功能，甚至有些行业协会曾经或正在作出一些整个行业损害消费者的决定，比如方便面曾经集体涨价，餐饮业协会也曾经决定收"开瓶费""包房费"，现在已经取消。当前，又出现了地方出租车行业协会集体抵制"专车"服务和租车项目的发展。行业协会不规范所造成的不良影响，严重制约了市场决定资源配置的高效合理性。

一、行业协会的内涵和在市场决定资源配置中的作用

（一）行业协会的内涵

行业协会是指介于政府、企业之间，商品生产者与经营者之间，并为其服务、咨询、沟通、监督、公正、自律、协调的社会中介组织。行业协会是中国民间组织社会团体的一种，是一种民间性组织，它不属于政府的管理机构，是政府与企业的桥梁和纽带。行业协会是中国《民法》规定的社团法人，也是国际上统称的非政府机构（又称NGO），属非营利性机构。

（二）行业协会在市场决定资源配置中的作用

行业协会在市场决定资源配置中的作用，主要表现为两个方面：
一是经济作用，二是法治价值。

（1）行业协会的经济作用。在国际市场竞争中，为减弱负面影响，根据国际的实践经验，行业组织在保护国内产业、支持国内企业增强国际竞争力方面，起着重要的协调作用。主要表现为维护本国经贸利益；协助企业实施反倾销、反补贴等法律措施并作为申诉中的提诉人；利用WTO争端解决机制，帮助企业应诉；

发挥行业协会的协调作用等。

（2）行业协会的法治价值。全面地实现并保障经济主体的私权利，满足协会成员共同需要，保障经济主体私权利的实现、集中表达经济主体的利益主张和权利要求，促使群体的利益得到尊重和维护；制约并保障公权力的良性运作；构筑社会经济秩序的自我调控机制，向沟通与横向协调、通过行业规则实行行业自律等。

行业协会主要通过制约并保障公权力的良性运作和建立行业内自律秩序两个方面保证市场决定资源配置的顺利进行，弥补政府职能失灵、市场失调的缺陷。

一方面，行业协会通过发挥其代表、沟通协调等功能，促进了由个人抗衡权力向团体制衡权力的转向，有效地制约并保障着公权力的良性运作。

另一方面，行业协会作为一种自治性民间社会组织，通过由协会成员共同遵守行业规则实行自律管理，同时在行业内部形成一种自生自发的秩序——自律秩序，即一种"私序"。当国家制定的法律缺位或有局限时，行业规则所建立的"私序"就成为国家制定法所建立秩序的一种重要补充和替代，成为促进社会经济秩序建立的重要力量。

（三）行业协会的改革方向

行业协会商会与行政机关脱钩，是党中央国务院已经确定的改革任务，脱钩的内容主要是职能、机构、财物、人员、外事和党建等方面与行政机关分离。2015年6月，中办国办印发了行业协会商会与行政机关脱钩的总体方案。当前和今后的一段时间，民政部作为社会组织登记管理部门，在联合工作组的统筹、协调、指导下，首先要抓好全国性行业商会第一批脱钩试点工作。据了解，民政部对地方民政部门上报的地方行业协会商会的方案，也在办理核准手续。在第一批试点工作完成和取得经验的基础上，将进一步扩大试点范围，争取到2018年行业协会商会脱钩工作全面完成。

二、我国行业协会发展历程

中国行业协会的发展大致分为以下几个阶段：

中华人民共和国成立后至改革开放之前，行业协会作为官办社团是自上而下成立的,并不是真正意义上的行业协会,而且此时的行业协会数量很少;20世纪80年代中期,我国各种社会经济类行业协会开始全面发展,各类适应经济生产发展的协会也相继成立,同时政府开始鼓励个体劳动者协会的发展。

到20世纪90年代,行业协会规范发展,政府着手建立行业协会发展规范。加强对行业协会的清理整顿,形成了对行业协会的双重管理体制。行业协会登记管理部门是民政部和地方各民政单位,同时业务主管部门负责对行业协会的资格审查核准和日常管理。

自20世纪90年代至今,行业协会加速发展,数量大大增加,涉及的行业广度和深度大大增加,有效地促进了社会经济的健康有序发展。据统计,2002~2006年,行业协会总数从3.91万家增到5.97万家,在社会团体中所占比重也从29%增长到31%。截至2012年底,全国依法登记的行业协会近7万余个,在社会团体中行业协会近7万余个,约占26%,行业总数增加,占比降低。其中,全国性行业协会600余个。行业协会已经成为社会主义市场经济的重要组成部分,是协助政府加强行业管理的有力支撑,是加强和创新社会管理、构建和谐社会的重要力量。

随着政府职能的转变和建设社会主义市场经济的发展,广东等试点地区进行行业协会管理体制创新。2014年3月民政部门决定,行业协会商会类可以直接向民政部门依法申请登记,不再需要业务主管单位审查同意。针对行业协会的诚信自律问题,2014年11月民政部联合中央编办、发展改革委、工业和信息化部、商务部等部门颁布《关于推进行业协会商会诚信自律建设工作的意见》,进一步规范行业协会发展现状,促进行业协会健康发展。

三、新时代中国行业协会现状及困境

(一) 行业协会的历史行政性烙印影响了其协助市场决定资源配置的功能

改革开放以来,我国行业协会大多数是由政府兴办的,有的是政府直接或者间接组建行业协会,有的是由政府专业经济职能部门转变为行业协会,更有甚者,政府官员兼任行业协会的主要领导。因此,行业协会从诞生时起其定位就是政府的附属、助手,被打上了深深的"行政"烙印,这对行业协会的功能产生极

大的影响。

近年来,政府在职能转变过程中不能有效放权,有的行业协会还受到政府的管控,使得国家对行业协会的职能、性质虽有一定程度的明确和定义,但仍有一些行业协会无法完全摆脱行政定位,承担的职能也是模棱两可。比如,在行政体制调整过程中,有些行业协会成为承接政府部门被裁减人员和退休人员的地方。一些政府职能部门虽然已经将某些职能下放到行业协会,但实际控制权仍掌握在政府手中,还有一些政府部门对于一些行业协会承担的职能不肯放权,在很长一段时间内实行双重管理体制,导致行业协会束手束脚,无法充分发挥协会功能,社会、企业整合力量不足,无法真正地为本行业的企业提供服务。

(二)"严进宽出模式"使得行业协会缺乏有效科学的政府监管

在行业协会成立审查考核时,政府部门强调"严进",长期以来,我国行业协会都是实行双重管理体制。在这种监管体制中,对于行业协会的监管以事前监管为重心,需要民政部门和业务主管单位的双重审批核准才能成立,而且针对同一行业只允许成立一个行业协会,这体现了政府对行业协会强有力的监管控制。但一旦行业协会踏进准入门槛之后,政府部门对其的监督管理就会相当放松。政府对于一些出现违规的行业协会并不能实施科学有效的监管,因为其中涉及各种地方利益和利益集团,导致政府不能实施有效科学的监管,不能维护行业协会与行业的正常秩序,忽视事中、事后的监管,导致行业协会一旦出现违法违规行为无法及时查处。双重管理体制过于强调对登记注册的把关而不能平衡行业协会运作过程的有效监管和建立较为完善的退出机制。同时,双重管理体制加深了行业协会对于政府的行政依赖性,政企不分,也严重阻碍了行业协会的发展。从近年来发生多起行业协会对于行业的集体涨价、抵制等行为中也可以看出,政府和社会的监管不力可能会导致某些行业协会缺乏行业自律诚信意识和社会责任意识,若这一漏洞被一些大型企业所操纵的话,就会成为维护一部分行业大企业的利益机器,在同行业市场形成价格垄断和行业垄断,损害消费者的利益,影响市场决定资源配置的效率。

(三)相关行业协会法律法规的缺失无法改变行业内部管理的混乱

在行业协会较为迅速发展的同时,相关的法律法规并没有跟上行业协会发展的脚步。

作为曾经是政府附属部门的行业协会，在与政府剥离的过程中，处于和政府的博弈中，由于行业协会缺乏相应的权威，相关法律体系不健全，制约了行业协会的发展。法律上对行业协会的地位、职能定位较模糊，行业协会的职能方面并没有明确的法律来规范和作为依据，这成为行业协会发展中的制度性障碍。

由于缺乏相关法律法规支持，行业协会对于自身的根本职能不十分明确。现阶段多数行业协会的权力是由政府下放的权力，这就是多数行业协会有诉求时只会求助政府，代表企业与政府进行沟通，而忽略了行业协会的其他重要职能。

从我国行业协会发展现状来说，大部分行业协会由于转化背景等原因，对政府的依赖性较强，缺乏自主性和独立性，很难真正发挥行业协会应有的作用，行业协会在和政府脱钩之后，还面临着缺乏配套办公设施、相关人才储备，以及一定的资金扶持，行业协会职能的不明确和内部管理的混乱，都使得行业协会难以在市场决定资源配置的过程中充分发挥其功能作用。

（四）自治化的提高和逐利驱动造成行业协会社会责任感欠缺

行业协会不仅要承担一定的市场责任，履行职责，还要承担社会责任。

自从转变政府职能开始以后，行业协会的独立性越来越高，自治化进程逐步推进。近年来出现了一些行业协会利用其自治权和各种资源优势提高市场转入壁垒，限制竞争，甚至侵害消费者的权益。例如，上海黄金协会在2013年对于黄金等饰品的测算方式和定价方式进行规定，形成了价格垄断。这些行业协会在恶意使用其自治权的背后，体现出来的是社会责任的缺失。

中国进入新时代后，这个市场与政府间的"第三只手"在一些地区有时面临着过度自治化的问题，有些行业协会成为行业逐利的工具，其根本原因是行业协会缺乏社会责任感。

四、加强行业协会自身建设，推进市场决定资源配置

2011年，胡锦涛在省部级主要领导干部社会管理及其创新专题研讨班开班式上指出："社会管理的主体是多元化的。面对日益复杂的社会矛盾和日益繁重的社会管理任务，仅靠党和政府的力量已远远不够，必须是政府、社会组织、社

会成员的广泛参与。既要充分发挥党和政府在社会管理中的领导和组织作用，又要重视发挥社团、行业组织和社会中介组织在提供社会管理和社会服务方面的作用。"

（一）在政府职能转变的过程中逐渐摸索明确行业协会的职能

政府在加快职能转变的同时，要注重平衡"放""管"之间的度的问题，在政府和行业协会之间，明确彼此职能，在哪些方面政府可能会"越位"，在哪些方面政府存在"缺位"的可能，在进行改革的时候要进退有序，明确行业协会的职能，充分发挥行业协会对促进经济发展的积极作用。

在管理体制探索方面，通过少数市场发展较好的地区先进行试点建设，探索出模式优化的管理体制。例如，上海的三重管理体制和浙江温州的行业协会管理模式，其内涵都值得各地借鉴。

（二）完善相关法律法规明确行业协会的职能

从法律层面对于行业协会进行解释，加强法制建设，用法律帮助行业协会找到自身的定位，规范行业协会的职权范围和运作方式，同时让政府的监管有法可依。在建设法治国家的大背景下，要根据全国行业协会发展的实际情况制定全国性的行业协会法规和管理办法，同时各个地方要根据自身的实际情况制定本地区的行业协会管理办法，确定行业协会的活动范围、具体职责、组织结构等要素。对于违反法律法规的行业协会要制定惩罚检举措施。

（三）加强政府和社会对行业协会的有效监督和管理

要促进政府监管重心的转移，在行业协会运作过程中保证其开展活动的正规性、合法性，政府和社会的有效监督是不可缺少的。

一方面，加强政府对行业协会的监督管理。政府部门要强化自身监管队伍建设，强化其对行业协会的监督执法职能，积极完善监督保障机制，并根据公平、公正、公开的原则，积极促进政府购买服务信息的公开透明与共享，强化政府向行业协会购买服务的绩效管理与评价，并在购买服务的同时，支持和激励社会信用良好的行业协会，限制或禁止社会信用较差的商会发展，从而起到"取其精华，去其糟粕"的效果。

另一方面，加强社会对行业协会的监督。鼓励社会公众，尤其是利益相关方参与社会监督，提升公众的维权意识和自我保护能力。可以考虑引入第三方评估机制，建立信息公示平台和信息披露制度，使得运作过程透明化，加强社会对于行业协会的监督作用。同时，建立健全行业协会的退出机制，改变以往"严进宽出"的状况，使不合格和不适应行业发展的行业协会退出市场。

（四）行业协会加强社会责任感，提高公信力，走职能转变的创新之路

（1）行业协会加强社会责任感。要明确行业协会的市场定位和其双重责任，由于地域经济发展的情况不同，各地行业协会的自治权也有比较大的差异。一方面，对于行业协会自治权过大的地区来说，应适当约束行业协会的自治权，促使行业协会的决策行为兼顾社会责任；另一方面，有关政府部门要在避免公权力过度控制行业协会的基础上加强监管力度，同时促进社会监督，由第三方机构定期对行业协会进行考察审核，和社会共同监督，促使行业协会在自治化程度较强的同时，注重社会责任的承担与自律。

（2）提高行业协会公信力。当前，不同城市的行业协会的发展情况均表现出不平衡的状态，其中部分协会能正常运作，而其他协会有的只能维持现状，有的则处于半休息状态。这些情况都能看出协会与政府之间脱钩状态比较严重，还有待解决协会长期归附行政资源的路径依赖问题。有作为才会有地位，行业协会想要政府能够将一定或者更多的职能转移到行业协会，协会必须紧密结合和围绕其当前的职能发挥和政府预期的其未来发展目标，主动努力地提升协会公信力，真正成为社会、企业、政府都十分信赖的服务型协会，充分发挥协会的功能和作用，促进市场决定资源配置。

（3）开拓创新发展之路。作为平衡政府计划与市场之间的桥梁和纽带，行业协会要适应政府职能转变和对行业协会进行剥离的现实，明确自身的市场责任和社会责任，加强自身管理水平建设，理清自身的发展思路，结合供给侧改革的发展趋势，创新行业协会发展道路，主动积极地对服务内容进行转型升级，提升服务种类质量，促进自身的创新发展，促进政府考虑将行业协会当作政府职能专业的主要承接载体，对行业协会进行积极培育，并将其作为促进社会经济发展中发挥政府作用价值的重要任务来落实。这样的话，政府对协会组织的发展情况加以充分了解后，会有选择地向各协会转移由协会就能承担的相应的政府职能，从而在保证政府职能在市场决定资源配置中得到发挥的同时，还能促进和激励行业协会职能的转变和价值的实现。

另外，对于行业协会自身发展问题，首先要解决资金问题，要加强对行业协会的资金支持的力度，行业协会自身也要努力吸收会员，增加资金支持。其次，要正确解决行业协会内人员的编制问题、待遇问题，留住人才，避免人员流动性大造成行业协会的混乱。最后，要提高行业协会的内部管理水平，就要完善相关法律、制度，使各项工作能够有定量定性的衡量标准。政府要为行业协会建立一个良性可持续发展的外部环境，对协会在法规、政策与资金等方面进行扶持。

参考文献

[1] 蔡昉,王美艳.中国面对的收入差距现实与中等收入陷阱风险[J].中国人民大学学报,2014(3).

[2] 曹益平.法治视阈下的地方政府权力清单制度研究[J].湖南行政学院学报,2017(4).

[3] 陈艳.马克思政府管理理论对当前我国政府职能转变的启示[J].世纪桥,2017(11).

[4] 迟福林.市场决定——十八届三中全会后的改革大考[M].北京:中国经济出版社,2014.

[5] 邓小平文选第3卷[M].北京:人民出版社,1993.

[6] 龚琼.转变政府职能构建服务型政府[J].成功,2017(11).

[7] 郭厚,王策,兰强.调整"三驾马车"着力点保持中国经济平稳增长[J].中国经贸,2016(23).

[8] 何悦.政府职能转变背景下我国行业协会发展问题研究[J].教育教学论坛,2018(5).

[9] 洪银兴.完善产权制度和要素市场化配置机制研究[J].中国工业经济,2018(6).

[10] 黄如中.全面深化改革背景下我国政府职能转变探析[J].学校教育研究,2017(12).

[11] 黄文正,何亦名,李宏.经济新常态下的社会保障体系建设问题研究[J].经济问题,2015(11).

[12] 黄勇,吴白丁,张占江.竞争政策视野下公平竞争审查制度的实施[J].

价格理论与实践，2016（4）.

[13] 黄卓贤. 浅析市场经济条件下政府职能的定位及转变［J］. 商情，2017（2）.

[14] 姬灵. 行政法视野下"政府权力清单"若干问题探究［J］. 法制与社会，2017（20）.

[15] 贾康，苏京春. 供给侧改革：新供给简明读本［M］. 北京：中信出版社，2016.

[16] 姜超，于博，陈兴. 海通姜超：中美企业研发差异在哪　提升研发路在何方？［EB/OL］. 金融界网站，2018-05-30.

[17] 焦连志. 转型社会中的政府职能转变与社会管理职能建设［J］. 地方治理研究，2017（3）.

[18] 康文磊. 关于当前我国政府职能转变动因和内容研究的探讨［J］. 中国科技博览，2017（20）.

[19] 孔晓婷. 转变政府职能推进国家治理现代化［J］. 文存阅刊，2017（7）.

[20] 李梦倩. 中国地方政府职能存在问题及转变对策［J］. 现代经济信息，2017（7）.

[21] 李友华，毕家豪. 跨越中等收入陷阱面临的问题及对策［J］. 哈尔滨商业大学学报（社会科学版），2016（5）.

[22] 李瑜. 政府职能转变研究［J］. 商情，2017（3）.

[23] 林代潇潇. 国家治理现代化下政府职能的转变［J］. 商情，2017（13）.

[24] 刘红星. 论推行权力清单制度对促进经济发展的意义［J］. 中国市场，2018（8）.

[25] 刘权政. "新常态"背景下政府如何服务市场的资源配置决定权［J］. 理论导刊，2016（4）.

[26] 刘晓曙. 经济周期视角下的中国经济运行［J］. 银行家，2017（12）.

[27] 刘亚娟. 国家治理现代化视域中的地方政府职能优化［J］. 中共山西省委党校学报，2017（3）.

[28] 吕昕泽. 基于转变政府职能的过程中提高政府公信力［J］. 职工法律天地·

下半月，2016（4）.

[29] 罗海蓉. 未来中国经济：如何跨越"中等收入陷阱"[J]. 科学发展，2013（9）.

[30] 马克思恩格斯全集（第20卷）[M]. 北京：人民出版社，1971.

[31] （美），保罗·A.萨缪尔森，威廉·D.诺德豪斯. 经济学[M]. 高鸿业等译. 北京：中国发展出版社，1992.

[32] 聂永有，殷凤. 大国崛起的新政治经济学[M]. 成都：四川人民出版社，2016.

[33] 钱嘉奇. 政府职能转变及其应注意的因素[J]. 速读·上旬，2016（9）.

[34] 秦丽萍，甄明霞. 跨越"中等收入陷阱"的国际经验及对我国的启示[J]. 科学发展，2014（73）.

[35] 申海平. 市场准入负面清单的印度尼西亚经验及其启示[J]. 东方法学，2018（4）.

[36] 宋丙涛，潘美薇. 政府职能的结构与演化[J]. 河北大学学报·社科版，2016（6）.

[37] 唐钧. 从社会保障到社会保护：社会政策理念的演进[J]. 社会科学，2014（10）.

[38] 王春梅. 共时态下我国私人财产权保护之取向[J]. 求是学刊，2008（4）.

[39] 王慧凯. 试论非公有制经济财产权不可侵犯[J]. 商情，2014（14）.

[40] 王俊华. 加快政府职能转变推进供给侧结构性改革[J]. 山东青年，2017（2）.

[41] 王乐. 新常态经济增长下的"三驾马车"[J]. 商情，2016（31）.

[42] 王昕. 浅谈行业协会在政府职能转移中的作用[J]. 祖国，2018（3）.

[43] 王馨悦. 公共治理理论视角下政府职能转变研究[J]. 文存阅刊，2017（21）.

[44] 王雪然. 对"三驾马车"拉动我国经济增长结构性突变的实证分析[J]. 时代金融，2017（32）.

[45] 王亚茹，韩瑞波. 政府职能转变研究在中国：热点、向度与展望[J].

中共南京市委党校学报，2017（4）.

[46] 魏宾. 深化放管服改革推进政府职能转变的实践与思考 [J]. 机构与行政，2018（2）.

[47] 吴敬琏等. 供给侧改革 [M]. 北京：中国文史出版社，2016.

[48] 向立力. 中国公平竞争审查制度的理论梳理、制度基础与机制完善 [J]. 法治研究，2017（3）.

[49] 徐琛皓，王一超. 论农民土地财产权 [J]. 河北企业，2018（1）.

[50] 徐士英. 中国竞争政策的实施与展望——兼论我国基本经济政策定位 [J]. 经济法论丛，2017（1）.

[51] 姚枝仲. 什么是真正的中等收入陷阱？[J]. 国际经济评论，2014（6）.

[52] 叶伟熙. 论中国古代土地制度对私人财产权的保护 [J]. 学理论·下，2015（4）.

[53] 叶响裙. 论我国社会保障管理体制的改革与完善 [J]. 中国行政管理，2013（8）.

[54] 殷赵云. 浅析权力清单制度缘起、内涵和意义 [J]. 经营管理者·下旬刊，2016（10）.

[55] 袁珠萍. 跨越中等收入陷阱的战略思考和路径选择 [J]. 技术经济与管理研究，2016（11）.

[56] 张林山. 供给侧结构性改革：重视和完善竞争政策是重点 [J]. 改革热线，2017（2）.

[57] 张歆. 浅谈行政环境变革中地方政府职能转变与职责重构 [J]. 西江文艺，2017（1）.

[58] 甄婉秀. 在转变政府职能的过程中提高政府公信力 [J]. 成长·读写月刊，2017（2）.

[59] 郑功成. 中国社会保障改革：机遇、挑战与取向 [J]. 国家行政学院学报，2014（6）.

[60] 钟阳，刘霞辉. 规避"中等收入陷阱"：经验特征及中国应对之策 [J]. 河北师范大学学报（哲学社会科学版），2018（1）.

［61］周庆旺.行政法视域下政府权力清单制度研究［J］.法制博览，2017（12）.

［62］卓勇良.中国经济的新周期迹象［J］.公务员文萃，2017（12）.

［63］邹坚引，刘伟乔.基于农民财产权保障视觉的土地征收补偿制度研究［J］.法制与社会，2014（11）.